中华文物览胜

秦始皇帝陵博物院珍品讲读

田 静 编著

西北大学出版社
·西安·

图书在版编目（CIP）数据

秦始皇帝陵博物院珍品讲读／田静编著.—西安：西北大学出版社，2022.7（2023.9重印）
ISBN 978-7-5604-4943-2

Ⅰ.①秦… Ⅱ.①田… Ⅲ.①秦始皇陵—遗址博物馆—历史文物—介绍 Ⅳ.①K872.414

中国版本图书馆 CIP 数据核字（2022）第 093996 号

秦始皇帝陵博物院珍品讲读
QIN SHIHUANGDI LING BOWUYUAN ZHENPIN JIANGDU

田 静 编著

西北大学出版社出版发行

（西北大学校内 邮编：710069 电话：029-88302621 88303593）

全国新华书店经销　　陕西龙山海天艺术印务有限公司印刷
开本：787毫米×1092毫米　1/32　印张：8　字数：107千字
2022年7月第1版　2023年9月第2次印刷

ISBN 978-7-5604-4943-2　　定价：88.00元

如有印装质量问题，请与本社联系调换，电话：029-88302966。

序 言

请扫码观看
本书精彩视频

本书作者田静,是秦始皇帝陵博物院研究馆员。她自西北大学毕业后,一直在秦陵博物院工作,与兵马俑相守了 35 年。这本书选择秦陵博物院精品文物 90 件及重要遗址予以阐释,用视频配合文字和照片介绍文物和遗址,图文并茂,生动直观,是一本从专业角度进行通俗解说的科普图书。我阅读了初排的版样,总体感觉章节安排合理,语言简洁流畅,文图配合得宜,装帧设计典雅,非常适合喜欢博物馆的人阅读。

20 世纪 70 年代,我在陕西省考古研究所工作,与陕西省博物馆(如今的西安碑林博物馆)人员同住在一个家属院。那时,田静也住在这个家属院。我经常看到她在后院的大槐树下写作业,也看到她和小伙伴儿在碑林广场上玩耍。1988 年,我到秦陵博物院工作,不久,田静也分配到秦陵博物院工作。之后,我对她的了解更多了。那时她在研究室从事书刊编辑和科研工作,负责秦俑学研究会会刊《秦陵秦俑研究动态》和《秦文化论丛》等书刊的编辑工作。她经常向我约稿,征求我对书刊编辑的意见。她一直很勤奋,热爱学习,善于思考。

秦始皇帝陵是中国历史上第一座帝王陵园,它以规模宏大、布局严谨、埋藏丰富引起世人的关注。秦兵马俑是人类文明史上的伟大奇观,以其"大、多、精、美"的特征受到世人的瞩目。秦兵马俑群雕表现了 2000 多年前秦代工匠巧夺天工的艺术才能,是中华民族的宝贵财富。

1

1974年以来,一批历史、考古、艺术、科技史学者潜心研究秦兵马俑,不断发表相关简报和论著。40多年来,考古发掘、遗址保护与管理、文物研究与宣传持续进行,从未间断。古老的文化遗产在文物工作者的精心呵护下,散发着历久弥新的魅力。

如今,有关兵马俑的一举一动都会牵动人心,媒体上的相关报道持续不断,对宣传兵马俑起到了积极推动作用。在考古题材的研究和创作中,有关秦兵马俑的论著、文学作品和文艺节目最多。在网上搜索"秦兵马俑""兵马俑""秦俑"等关键词,顷刻间会跳出数以万计的新闻、图片等相关资料,由此可见公众对秦兵马俑的关注。

近年来,田静以秦陵、秦俑、秦文化为研究主题,编写出版了《秦俑艺术论集》《秦俑学研究》《秦始皇陵及兵马俑》《遗产地讲解培训研究——以秦陵博物院为例》等图书,积极宣传、推广秦俑和秦文化。她还带领社会教育团队深入学校、社区、厂矿、军营、机关和乡村开展科普讲座和文化宣讲活动,讲述文物背后的故事,探索符合新时代要求的传承中华文明的方式,取得了很好的社会效益。相信这本《秦始皇帝陵博物院珍品讲读》会给读者带来更多、更新的有关秦陵和秦俑的故事,我愿意向大家推荐这本书。

秦始皇帝陵博物院名誉院长 袁仲一

2022年4月18日

目 录

秦始皇帝陵博物院

（一）秦兵马俑一号坑 　　　　　　　　 / 4
（二）秦兵马俑二号坑 　　　　　　　　 / 11
（三）秦兵马俑三号坑 　　　　　　　　 / 14
（四）秦始皇帝陵文物陈列厅 　　　　　 / 16

丽山园：秦始皇陵国家考古遗址公园

（一）秦始皇帝陵的布局 　　　　　　　 / 20
（二）秦始皇帝陵9901陪葬坑 　　　　　 / 23
　1. 1999：1号俑 　　　　　　　　　　 / 26
　2. 1999：2号俑 　　　　　　　　　　 / 28
　3. 1999：3号俑 　　　　　　　　　　 / 28
　4. 1999：4号俑 　　　　　　　　　　 / 30
　5. 1999：5号俑 　　　　　　　　　　 / 32
　6. 1999：6号俑 　　　　　　　　　　 / 35
　7. 2012：1号俑 　　　　　　　　　　 / 36

8. 2012：3号俑　　　　　　　　/ 38
9. 2012：4号俑　　　　　　　　/ 40
10. 2012：17号俑　　　　　　　/ 42
11. 青铜鼎　　　　　　　　　　/ 44

（三）秦始皇帝陵 0006 陪葬坑　　/ 46
1. 0006：1号俑　　　　　　　　/ 51
2. 0006：8号俑　　　　　　　　/ 52
3. 0006：9号俑　　　　　　　　/ 54
4. 0006：10号俑　　　　　　　/ 56
5. 0006：11号俑　　　　　　　/ 58
6. 0006：12号俑　　　　　　　/ 60

（四）秦始皇帝陵铜车马博物馆　　/ 61
1. 一号铜车马　　　　　　　　/ 69
2. 二号铜车马　　　　　　　　/ 74

秦始皇帝陵博物院文物珍品

（一）高级军吏俑　　　　　　　　/ 84
1. 高级军吏俑　　　　　　　　/ 84
2. 高级军吏俑　　　　　　　　/ 88
3. 高级军吏俑　　　　　　　　/ 92
4. 高级军吏俑　　　　　　　　/ 94
5. 高级军吏俑　　　　　　　　/ 97
6. 高级军吏俑　　　　　　　　/ 99
7. 高级军吏俑　　　　　　　　/ 102
8. 高级军吏俑　　　　　　　　/ 105

(二) 中级军吏俑　　　　　　/ 108
　　1. 中级军吏俑　　　　　/ 108
　　2. 中级军吏俑　　　　　/ 110
　　3. 中级军吏俑　　　　　/ 113
　　4. 中级军吏俑的冠式　　/ 114
(三) 下级军吏俑　　　　　　/ 118
　　1. 下级军吏俑　　　　　/ 118
　　2. 下级军吏俑　　　　　/ 122
　　3. 下级军吏俑　　　　　/ 124
　　4. 下级军吏俑　　　　　/ 126
(四) 铠甲武士俑　　　　　　/ 128
　　1. 圆髻铠甲武士俑　　　/ 128
　　2. 圆髻铠甲武士俑　　　/ 132
　　3. 扁髻铠甲武士俑　　　/ 136
　　4. 扁髻铠甲武士俑　　　/ 140
　　5. 介帻铠甲武士俑　　　/ 142
　　6. 介帻铠甲武士俑　　　/ 146
(五) 战袍武士俑　　　　　　/ 148
　　1. 战袍武士俑　　　　　/ 148
　　2. 战袍武士俑　　　　　/ 152
　　3. 战袍武士俑　　　　　/ 154
(六) 立射武士俑　　　　　　/ 155
　　1. 立射武士俑　　　　　/ 155
　　2. 立射武士俑　　　　　/ 158
　　3. 立射武士俑　　　　　/ 160
　　4. 立射武士俑　　　　　/ 162

（七）跪射武士俑	/ 164
1. 跪射武士俑	/ 164
2. 跪射武士俑	/ 166
3. 跪射武士俑	/ 170
4. 彩绘跪射俑	/ 172
5. 绿面跪射俑	/ 178

（八）御手俑　　　　　　　　／ 181
    1. 御手俑　　　　　　　　／ 181
    2. 御手俑　　　　　　　　／ 182
    3. 0006：3号御手俑　　　／ 184
    4. 0006：4号御手俑　　　／ 184

（九）牵马骑兵俑　　　　　　／ 187

（十）跽坐俑　　　　　　　　／ 190
    1. 跽坐俑　　　　　　　　／ 190
    2. 跽坐俑　　　　　　　　／ 192
    3. 跽坐俑　　　　　　　　／ 194
    4. 跽坐俑　　　　　　　　／ 196
    5. 跽坐俑　　　　　　　　／ 198

（十一）乐舞俑　　　　　　　／ 200
    1. 箕踞姿俑　　　　　　　／ 200
    2. 跪姿俑　　　　　　　　／ 204

（十二）青铜兵器　　　　　　／ 206
    1. 青铜戈　　　　　　　　／ 206
    2. 青铜矛　　　　　　　　／ 208
    3. 青铜铍　　　　　　　　／ 208
    4. 青铜剑　　　　　　　　／ 210

5. 青铜戟 /212
6. 青铜箭镞 /214
7. 青铜弩与弩机 /216

(十三) 青铜水禽 /218
1. 立姿鸿雁 /218
2. 卧姿鸿雁 /220
3. 青铜天鹅 /221
4. 青铜仙鹤 /224

(十四) 铜钟与铜权 /226
1. 丽山园钟 /226
2. 蟠螭纹钟 /228
3. 乐府钟 /230
4. 两诏文铜权 /232

(十五) 砖瓦器 /234
1. 夔纹瓦当 /234
2. 云纹瓦当 /236
3. 五角形下水管 /238
4. 圆筒形下水管 /238
5. 弧形板瓦和筒瓦 /240

后 记 /242

秦始皇帝陵博物院

秦始皇帝陵博物院是以秦始皇兵马俑博物馆为基础、以秦始皇陵国家考古遗址公园为依托的一座大型遗址类博物馆。

1974年3月,在陕西省西安市以东35公里处,秦始皇兵马俑破土而出,被称为"20世纪最伟大的考古发现之一",有"世界第八大奇迹"之美誉。1974年7月15日,考古人员开始对秦兵马俑进行科学发掘。1979年10月1日,秦始皇兵马俑博物馆建成开放。2009年2月,秦始皇帝陵博物院成立。

秦兵马俑的艺术特色是"大、多、精、美"。"大"是指场面宏大和个体高大,三个俑坑占地面积2万多平方米,陶俑平均身高1.8米,陶马身高1.7米。"多"是指数量多,三个俑坑全部发掘,可出土陶俑7000多件,陶马数百匹。"精"是指陶俑、陶马大到身体结构,小到须发眉毛,都是精雕细刻。"美"是指从陶俑的面部能判断其年龄、身份及来源地。

数千件武士俑手持实战性武器,严阵以待,场面浩大,展示了秦帝国兵强马壮的军事实力。1987年12月11日,联合国教科文组织将秦始皇陵及兵马俑坑列入《世界遗产名录》。

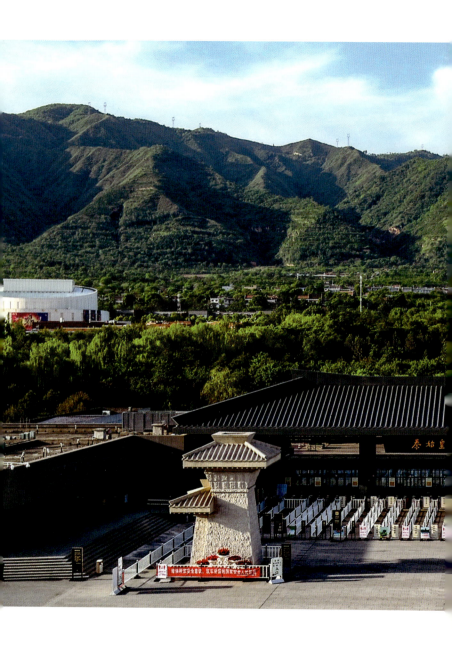

秦始皇帝陵博物院

（一）秦兵马俑一号坑

秦兵马俑一号坑平面呈长方形，东西长230米，南北宽62米，总面积14260平方米。全部发掘后，可出土陶俑、陶马6000多件，战车50余乘。

位于一号坑最前面的三排武士，身穿战袍，手持弓弩，是整个军阵的前锋。前锋后面的车兵和步兵组成的38列纵队，构成了整个军阵的主体。在俑坑的南侧、北侧和西端，各有一排武士面外而立，他们是军阵的侧翼和后卫，防止敌人从南北两侧和后面偷袭。

经过2000多年岁月的洗礼和地下水的侵蚀，秦兵马俑刚出土时，或仰或俯或侧倒，均已残破，给考古发掘与文物修复带来诸多困难。

一号坑前半部分的陶俑，都是经修复后又放回原位的。一号坑最后面的区域是文物修复工作区，观众可以看到文物工作者修复陶俑的场景。

秦兵马俑一号坑陶俑出土原状

秦兵马俑一号坑全景

秦兵马俑一号坑军阵一角

秦兵马俑一号坑军阵前锋

（二）秦兵马俑二号坑

秦兵马俑二号坑发现于1976年4月，考古人员随即对其进行了考古勘探和试掘。1994年10月14日，二号坑以"边发掘，边展示"的形式对外开放。

二号坑平面呈曲尺形，东西长124米，南北宽98米，面积约6000平方米。如果全部发掘，将出土陶俑、陶马1300余件，木质战车89乘。该坑根据不同兵种设计了4个独立方阵：骑兵方阵、战车方阵、弩兵方阵，以及战车、步兵、骑兵混合方阵。4个方阵有机结合，发挥多兵种混合作战的威力，形成"大阵套小阵，大营包小营，阵中有阵，营中有营"的布局。

秦兵马俑二号坑内景

（三）秦兵马俑三号坑

秦兵马俑三号坑发现于1976年5月。1989年9月27日，遗址展厅建成并对外开放。

三号坑面积520平方米，坑内出土陶俑68件、陶马4匹、木质战车1乘、兵器34件。整体布局是由南厢房、北厢房和车马房三部分构成，各区分界处发现有门楣、铜环，说明原来挂有幕帘。南厢房出土42件铠甲武士俑，北厢房出土22件铠甲武士俑，均面对面站立；出土的34件兵器中，有30件是铜殳。北厢房除有陶俑外，还有动物朽骨一堆和鹿角一个。车马房出土的战车通体髹漆彩绘，车后有4件陶俑。

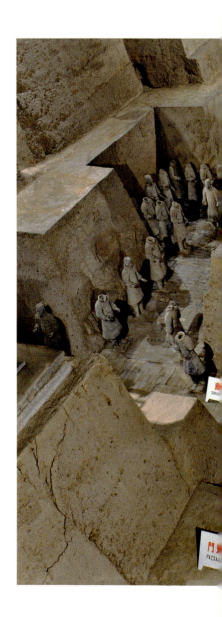

秦兵马俑三号坑内景

（四）秦始皇帝陵文物陈列厅

1999年10月1日，秦始皇帝陵文物陈列厅建成开放。该厅主要陈列秦始皇帝陵铜车马，展示秦始皇帝陵博物院院史，同时举办各类临时展览。迄今已举办"玛雅——重现的文明""庞贝：瞬间与永恒——庞贝出土文物特展""平天下——秦的统一""真彩秦俑""藏韵圣宴——西藏文物珍品展""锦绣西域 华美之疆——新疆文物精品展"和"记录奇迹"图片展等50多个专题展览。

2021年5月18日，铜车马转移到丽山园，在秦始皇帝陵铜车马博物馆展出。

"记录奇迹"图片展

"真彩秦俑"专题展

丽山园：秦始皇陵国家考古遗址公园

（一）秦始皇帝陵的布局

秦始皇帝陵是中国古代帝王陵墓中规模最大、埋藏丰富、保存较好的一座陵园。陵园的布局和礼制设施，在继承前代传统葬制的基础上，又有许多创新，对后代帝王陵园的建造产生了深远的影响。

秦始皇帝陵封土周围有内外两重城墙，呈南北向的长方形。内城墙长1355米，宽580米。外城墙长2165米，宽940米。内外城

秦始皇帝陵外景

四周均有城门,且有阙楼建筑。目前已发现各类陪葬坑、陪葬墓600多处。

秦始皇帝陵地面上有高耸的封土、连绵的城垣和雄伟的宫殿,地下有"穿三泉"而建的地宫和极尽奢华的陪葬品。大型宫殿构成复杂的建筑格局,纵横交错的道路形成周密的道路网,地上、地下供水和排水系统规整有序,陵墓的安全防卫设施严密,体现了秦始皇帝陵规模宏大、布局严谨、埋藏丰富的特征。

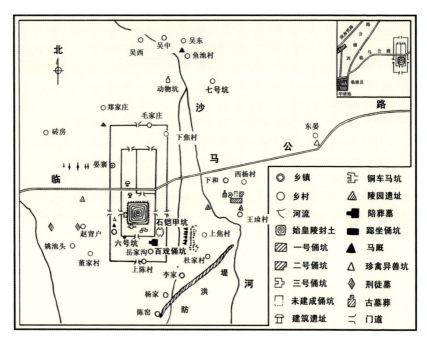

秦始皇帝陵陵区文物遗迹分布图

（二）秦始皇帝陵 9901 陪葬坑

秦始皇帝陵 9901 陪葬坑位于秦始皇帝陵封土东南。"99"是指 1999 年，"01"是序列号第一，9901 陪葬坑即 1999 年考古发现的第一座秦始皇帝陵陪葬坑。

该坑于 1999 年 5 月开始试掘，清理出 11 件陶俑、1 件青铜鼎，以及若干兵器、车马器等。研究人员认为，这批陶俑是为宫廷表演百戏乐舞的，属于百戏俑。百戏是指古代的散乐杂技，包括扛鼎、角力、俳优等。这些娱乐活动兴起于春秋战国时期，盛行于秦汉。据史书记载，秦始皇收六国乐舞于都城咸阳，咸阳因此成为百戏乐舞的表演中心。

2010 年 10 月，在该坑遗址上建成展厅并对外开放。

2011 年 6 月至 2012 年，对该坑进行全面发掘，探明总面积为 880 平方米，平面略呈"凸"字形。坑的东西两边各有一条斜坡门道，中间有三条东西向的过洞，坑内出土陶俑 28 件。

在遗址展厅东侧有文物修复室，观众可以从中看到修复工作场景。

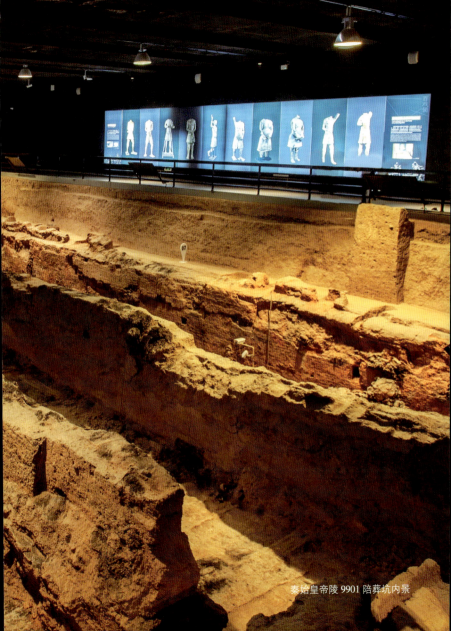

秦始皇帝陵 9901 陪葬坑内景

1. 1999:1号俑

此俑头部缺失，残高152厘米，肩宽39厘米，腰径26厘米。身材匀称，上身赤裸，腹部微微隆起，双脚分开站立，右手握住左腕置于腹前。双腿及脚部粗大，与消瘦的上身形成鲜明的对比。从姿势分析，此俑应该是在做表演前的准备动作。

此俑左上臂外侧有一竖椭圆形穿孔穿至躯干内，穿孔的外部以同样大小的陶片覆盖。穿孔下部刻有"咸阳亲"三个规整、清晰的竖排文字，其中"咸阳"为地名，"亲"为工匠名。下身着喇叭状短裙，裙摆外张。系有2厘米宽的腰带，腰带带花系结于陶俑后腰处。短裙的开合口位于前面，左片压右片，腰带左侧下方有一组几何纹饰。通体饰有白色彩绘，肩部、左腹、手部及腰部均残留有白色彩绘痕迹，裙部以黑色颜料堆绘平铺的云纹和太阳纹饰。

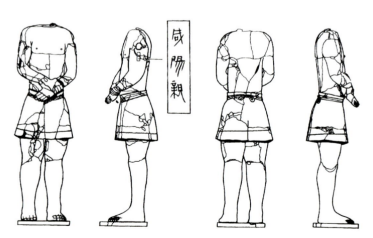

1999:1号俑墨线图

1999:1号俑

2. 1999：2号俑

此俑从地面到右手食指指尖的高度为180厘米。头发从前面中分，在脑后绾成圆髻。上身赤裸，下穿短裙，腰束革带。左臂和左腿均残缺。右腿后屈，脚尖点地。右臂弯曲成90度上举，右手大拇指和食指伸展，其余三指弯曲，食指指尖有一直径0.4厘米的小孔。从姿势分析，此俑似在表演杂技。

3. 1999：3号俑

此俑残高181厘米。头部缺失，身体高大健壮，右腿直立，左腿微弓，双脚一前一后分开站立，右臂上举，左臂下垂，左手拇指紧钩腰带，扭胯鼓腹，肚脐深凹，锁骨及右侧肋骨清晰可见。从姿势分析，此俑可能正在表演扛鼎杂技。

此俑右脚踏板外侧的左后处刻有一"高"字，字体大，刻痕深，应为工匠名。通体原饰有白色彩绘，现仅腿部保留有部分残迹。右上臂有一处夹纻髹彩遗留下来的织物痕迹。裙下右侧有一组几何纹饰，左臂靠近肘关节处有类似夹纻的痕迹，内壁有大量的绳痕、抹划痕、手指压痕和拍打痕。

1999:2 号俑

1999:3 号俑

4. 1999：4号俑

此俑头部、双脚缺失。残高 135 厘米，肩宽 57 厘米，腰径 42 厘米。身体直立，体格健硕，肌肉发达。上身赤裸，下穿短裙，腰束革带，双手在腹前作握物状，右手心向上，左手心向下。

此俑身体挺拔健壮，腹部向前鼓出，臀部向后撅起，两腿粗壮有力。裙带宽 5~6 厘米，裙下摆外张，多处起褶。俑身的彩绘颜色有粉紫色、白色、黑色、黄色等，其中白色和黑色最多。施色方法是：先在俑身涂上一层白色作底，再在底色上敷彩。此俑裙部有彩绘几何图案，大多采用的是堆绘法，将菱形纹、折枝花朵纹、云纹等图案表现出来，形成条带状或平铺图案，线条隆起，立体感强。此俑服饰上的图案花纹，在构图上注重均匀对称，每组花纹之间以适当的纹样填补，使得整个画面结构紧凑、和谐饱满。

1999:4 号俑局部

1999:4号俑

5. 1999：5号俑

此俑头部缺失，残高172厘米。身体高大魁梧，双脚分开站立，肩宽腹圆，四肢粗壮，肌肉发达。左臂和左肋之间有一圆柱形洞，此处原应夹有一根长竿。双手在腹前握一筒状物，该筒状物似为短裙的前搭，向前卷起，包裹着一个棒状物。

根据站立姿势分析，此俑应是寻橦表演者。寻橦也称"扶卢"，是指杂技中的高竿表演，一般是大力士站在地上抱竿，身材瘦小者爬在竿上表演。此表演惊险刺激，不仅需要力量和技巧，更需要两位演员的默契配合。

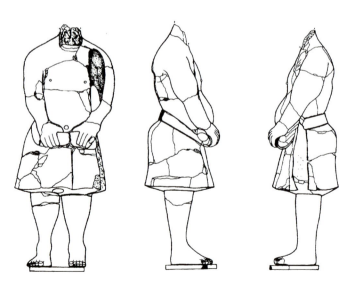

1999:5号俑墨线图

1999:5号俑

1999:5号俑局部

6. 1999：6号俑

此俑头部和两个小臂缺失,残高152厘米。站姿,赤足,身材匀称,肌肉圆润饱满。左脚向前跨出半步,左腿微弓,右腿绷直,两脚一前一后站立。身体转向右侧,左臂上举,右臂横屈于体侧。腹部微鼓,臀部稍稍向后撅起。上身赤裸,下穿短裙,裙带在腰前绾有带花,带尾呈蝴蝶形散开。躯干、腿部、裙部残留有白色、紫色彩绘和黑色生漆层。裙部左前侧还残留有圆圈纹、云纹图案。

根据站立姿势分析,此俑应为技艺型演员,表演的可能是走索。走索就是走钢丝,演员在长短、高低不等的绳索上灵活自如地表演惊险的动作。这种表演需要演员胆大心细、平衡性好。

1999:6号俑

7. 2012：1号俑

2011至2012年，考古人员对9901陪葬坑进行了全面发掘，并在现场开展了文物保护工作，出土陶俑28件，编号为2012：1号俑至2012：28号俑。

2012：1号俑残高141.5厘米。出土的陶片主要为腰部、下肢及脚踏板部位。此俑大致呈高坐的姿态，大腿和小腿呈90度。身体健硕，四肢粗壮，肌肉发达。左手向下张开，置于左大腿上。右臂在腰侧弯曲，右手半握，拳心向前，作持物状。

2012：1号俑

8. 2012：3号俑

此俑头部缺失，残高160厘米。站姿，两臂交抱于腹前。右手握在左臂肘关节处，拇指置于左臂内侧，其余四指呈半环状握住左上臂；左前臂从肘关节处微向上抬起，伸向右侧，掌心朝向身体，四指并拢，拇指与其余四指分开。双腿分开，呈小弓步。右腿稍向右侧斜蹬，脚尖稍向内并拢；左腿向左前方跨出45度。此俑上身赤裸，下身着裳，赤脚。裳呈上小下大的喇叭口状，上部近边缘处系有一条腰带，在腹前打结，绾成带花。

此俑平腹细腰，双臂线条匀称，腿部肌肉发达，一看就是力量型艺人。

2012:3 号俑

9. 2012：4号俑

此俑头部缺失，右手和大部分左臂残缺，残高157厘米。站姿，身体稍向左侧扭转，双腿略呈小弓步，左臂上举，右臂搭于胸前。上身着衣，下身着裳，赤脚。上衣为立领、对襟、后开，右衣襟压左衣襟，衣服下摆、门襟、袖口均包边。上衣中下部系一条细腰带，在右侧后部打成花结。腰带上有几何形花纹，花纹间用朱红色、白色和黑色填补，外围用线条加以分隔，立体感极强。衣服前后身、两袖上均装饰有直径3厘米的圆形泡饰。下身的裳为上小下大的圆筒状，有腰带，但被上衣下摆遮挡住，只露出带结。裳的后侧下部有戳印文字，前一字为"宫"，后一字残缺，从轮廓可以判断为"藏"，应是工匠的名字。

2012：4号俑裙带上的纹饰

此俑身上的彩绘颜色有粉紫色、白色、黑色、黄色等,其中白色和黑色最多。裙部的彩绘几何图案,大多是采用堆绘法绘出的菱形纹、折枝花朵纹、云纹等,形成条带状或平铺图案。这些几何图案均取材于当时人们所着衣物上的图案,其中菱形纹所占比例较大,其次是矩形纹、圆点纹及其他不规则的几何纹。

2012:4号俑

10. 2012：17号俑

此俑头部缺失，残高149.5厘米。站姿，双脚各立于一踏板上，呈小弓步。双臂均向身体左侧抬起；左臂从肘关节处弯曲，向外延伸悬空，左手拇指竖起，其余四指并拢微张；右臂从肘关节处向内弯曲，右手拇指竖起，其余四指并拢，呈半握状，置于胸前。衣服周身及两袖均饰有直径3厘米的圆形泡饰。下身穿短裙，裙子下缘在大腿与膝盖之间。腰带环腹部一周，系于腰后右侧，腹部正中处有一带花。双肩处各有一宽5厘米的衣带，从前侧肩部延伸至后侧肩部。

2012:17号俑

11. 青铜鼎

青铜鼎 1999 年 5 月出土于 9901 陪葬坑。

此鼎高 61 厘米，重 212 千克，两耳间宽 94 厘米。子口内敛，两耳为方形，外撇，深鼓腹，圆腹下收为平底，底部有凸棱，下有三个蹄状矮足，腹部饰有两列蟠螭纹条带，中以半弧形凸棱为界，造型精美厚重，纹饰构图饱满。鼎足根部饰有兽面纹，兽双目圆睁，直鼻卷唇，两侧有卷云状羽翼。

此鼎是目前发现的体量最大的一件秦代青铜大鼎。专家判断，此鼎的性质有三种可能。一是祭祀之器。秦始皇帝陵封土北侧曾发现有大面积的礼制性建筑基址，那么建筑内应有象征着皇权的青铜大鼎。9901 陪葬坑距秦始皇帝陵封土较近，可能是秦末战乱期间守陵人为避免青铜鼎遗失而特意将其从礼制性建筑内搬出并埋藏在这里的。二是丧葬礼仪用具。陪葬坑填埋时可能举行了某种特殊的祭祀或埋葬仪式，青铜鼎作为祭祀或埋葬仪式的用具，在仪式结束后也被埋在了坑中。三是百戏道具。百戏在秦代统治阶级中极为流行，其中扛鼎更受重视。战国时期，秦武王手下就有任鄙、乌获、孟说等著名的扛鼎力士。9901 陪葬坑内的 1999：3 号俑全身用力，右臂上举，作扛重物状，就是秦代的扛鼎力士形象。青铜鼎出土于陪葬坑棚木的上部，可能是用作扛鼎表演的道具。

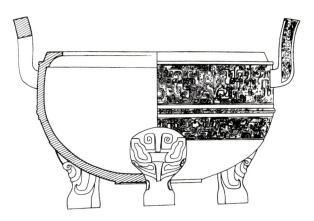

青铜鼎墨线图

青铜鼎

（三）秦始皇帝陵 0006 陪葬坑

秦始皇帝陵0006陪葬坑是2000年考古勘探发现的一座陪葬坑，位于秦始皇帝陵封土西南。"0006"是考古编号，"00"是指2000年，"06"是指第六座陪葬坑。

该坑平面呈东西向的"中"字形，是由斜坡道、前室、后室三部分组成的地下坑道式土木结构陪葬坑。坑口面积410平方米。坑底面积较小，只有144平方米。2000年7月至12月进行了全面发掘，探明了俑坑范围及埋藏情况。2011年10月1日，在该坑遗址上建成展厅并对外开放。

秦始皇帝陵0006陪葬坑外景

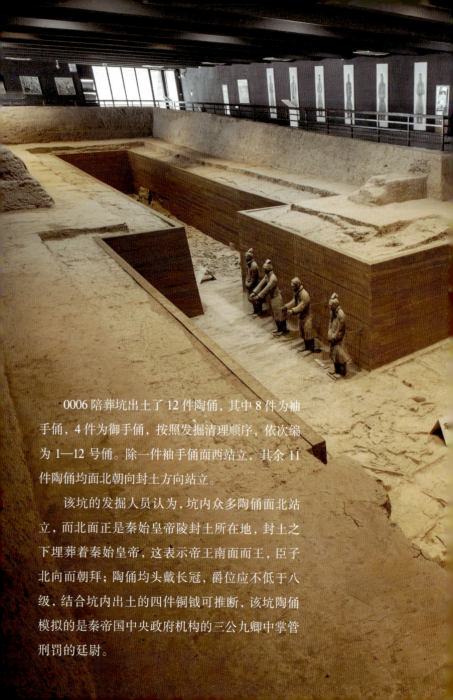

0006陪葬坑出土了12件陶俑，其中8件为袖手俑，4件为御手俑，按照发掘清理顺序，依次编为1—12号俑。除一件袖手俑面西站立，其余11件陶俑均面北朝向封土方向站立。

该坑的发掘人员认为，坑内众多陶俑面北站立，而北面正是秦始皇帝陵封土所在地，封土之下埋葬着秦始皇帝，这表示帝王南面而王，臣子北向而朝拜；陶俑均头戴长冠，爵位应不低于八级，结合坑内出土的四件铜钺可推断，该坑陶俑模拟的是秦帝国中央政府机构的三公九卿中掌管刑罚的廷尉。

秦始皇帝陵 0006 陪葬坑内景

0006:1号俑局部

1. 0006：1号俑

此俑高189厘米，肩宽47厘米。头戴双板长冠，上身穿双层交领右衽齐膝长襦，衣襟交掩于背后，腰束革带，腰间右侧贴塑有悬挂状的削和砥石。袖手站在长方形踏板上。左臂与躯干间有一椭圆形孔，好像腋下夹着东西。身材匀称，表情恭谨，低眉颔首，微露喜悦之情。

削是书刀，砥石是用来磨刀的器物。秦代字是写在竹片上的，如果写错了，就用削刮掉重写。从装束看，此俑应为秦朝中央官署的文职人员，且有一定爵位。

0006:1号俑背面

2. 0006:8号俑

此俑高182厘米,肩宽39厘米。头戴双板长冠,冠带系于颔下,带尾系成蝴蝶结。上身穿单层交领右衽齐膝长襦,衣襟交掩于背后,腰束革带,右侧腰间贴塑有悬挂状的削和砥石。下穿长裤,足蹬方口齐头浅履,袖手站在长方形踏板上。面部饰粉红色彩绘,面庞清秀,目光前视,表情严肃。

0006:8号俑

0006:8号俑身上的削和砥石

3. 0006：9 号俑

此俑高 184 厘米，肩宽 44 厘米。头戴双板长冠，冠带系于颔下。上身穿双层交领右衽齐膝长襦，衣襟交掩于背后，腰束革带，右侧腰间贴塑有悬挂状的削和砥石。下穿长裤，足蹬方口齐头浅履，袖手站在长方形踏板上。左臂与躯干间有一椭圆形孔。此俑留三滴水式胡须，面部残留有粉红色彩绘，身材匀称，双目前视，表情平和。

0006：9 号俑

0006:9号俑局部

4. 0006:10 号俑

此俑高 189 厘米,肩宽 47 厘米。头戴双板长冠,上身穿单层交领右衽齐膝长襦,衣襟交掩于背后,腰束革带,右侧腰间贴塑有悬挂状的削和砥石。左臂与躯干间有一斜向的椭圆形孔。下穿长裤,腿缚护腿,足蹬方口齐头浅履,袖手站在长方形踏板上。此俑留三滴水式胡须,身体挺拔健硕,双目平视,表情恭谨,敦厚儒雅。

0006:10 号俑

0006:10号俑局部

5. 0006：11号俑

此俑高 188 厘米，肩宽 40 厘米。头戴双板长冠，冠带系于颔下。上身穿单层交领右衽齐膝长襦，衣襟交掩于背后，腰束革带，右侧腰间贴塑的悬挂状的削和砥石已残失。左臂与躯干间有一椭圆形孔。下穿长裤，腿缚护腿，足蹬方口齐头浅履，袖手站在长方形踏板上。留八字胡，面带微笑。

0006：11号俑墨线图

0006:11号俑

6. 0006:12号俑

此俑高185厘米,肩宽42厘米。头戴双板长冠。上身穿双层交领右衽齐膝长襦,衣襟交掩于背后,腰束革带,右侧腰间贴塑有悬挂状的削和砥石。左臂与躯干间有一斜向的椭圆形孔。下穿长裤,腿缚护腿,足蹬方口齐头浅履,袖手站在长方形踏板上。此俑身姿挺拔,面部饰粉红色彩绘,留八字胡,双目平视,表情肃然。

0006:12号俑

(四)秦始皇帝陵铜车马博物馆

1978年6月,考古人员在秦始皇帝陵封土西侧20米处发现了一座车马坑。1980年11月至12月对该坑进行试掘,出土了一组两乘铜车马。

铜车马被发现时,木椁已腐朽,加之坑顶的填土塌陷,将铜车马压成3000多个碎片。所幸零部件齐全,为修复提供了良好的条件。专家组决定采取整体切割法,将铜车马连同木椁搬运到室内进行清理和修复。

铜车马结构复杂,修复难度极大,经研究,确定了保护方案的四个重点:第一,铜车马重量大,连接件多,修复时必须切实加强构件的抗压、抗折能力,保障修复后的铜车马经得起长期陈列;第二,铜车马中的各类部件薄厚不同,曲折勾连,针对不同形状、不同结构的断裂件,需要确定科学合理的加固方式、黏接技术和焊接工艺;第三,保护好青铜表面的彩绘,尽量减轻焊接温度对彩绘的损害;第四,铜车马各部位大多受压变形,局部有锈蚀现象,对变形的青铜碎片既要矫正,又不能造成新的断裂。

对铜车马的修复始终遵循"以黏接为主,以焊接为辅"的原则。对铜车马中比较粗大或厚重的结构体,如车辕、车轮、车厢、马腿等多数部件,采用销钉插接结合环氧树脂黏结;对无法采用销钉插接的很薄的片状结构体,如车盖、

铜车马发掘场景

秦始皇帝陵铜车马博物馆外景

铜车马

秦始皇帝陵铜车马博物馆展厅

一号车舆底等少数部件，考虑到结构、重量对连接强度的要求，选择银质钎料和中高温钎焊作为基本的材料和焊接工艺，局部采用低温锡焊作为辅助。经过长达8年的修复，终于还原了秦始皇銮驾的风采。

1988年5月1日，在秦始皇兵马俑博物馆前广场建成的铜车马展厅对外开放。1999年10月1日，铜车马移到秦始皇帝陵文物陈列厅展出。2021年5月18日，位于秦始皇帝陵封土西侧的秦始皇帝陵铜车马博物馆建成开放。

该馆是一座集合了文物保护与展示功能，以秦始皇帝陵出土的两乘彩绘铜车马实物展示为主，附加相关车马文化展示的专题场馆。陈列主题是"青铜之冠——秦陵彩绘铜车马"。展览将铜车马的结构、纹饰等细节完整地展现出来，以铜车马的性质与用途、形制与结构、鞍具与驾鞍、铸造与制作技术、雕塑艺术与彩绘纹饰、考古发掘与修复等专题予以展示和解析。

1. 一号铜车马

秦始皇帝陵铜车马是根据秦始皇出巡车队中"五时副车"的形制,按照实际马车大小的 1/2 制作的。

一号车是立车,重 1061 千克,结构轻便,车前架弩,车内置盾,车上设有可随意装卸的车伞。伞座的上下两端各有一个固定伞柄用的装置,类似今天的门锁。伞盖出土时已碎成一堆铜片,共有 316 片。支撑伞盖的 22 根伞弓也没有一根是完整的。文物专家先将挤压变形的碎片和伞弓矫正,再将它们重新焊接在一起。为了矫正青铜碎片,制作了易于操作的手动矫形机床和适合不同弧度的夹持模具,通过改换模具和持续加压,将变形的残铜片逐一矫正。这种方法把传统工艺和现代科技结合起来,具有创新意义。

修复青铜伞盖时,先用 0.5 毫米厚的不锈钢支架制作隐形伞弓,将其固定在原有的伞弓和伞盖之间。这样伞盖就不会直接压在破损的伞弓上,而是通过 22 根支架分解重力,从而起到支撑和定型的作用。隐形伞弓不仅解决了力的承载和分解难题,也保证了文物的高度还原和完整性。

秦始皇帝陵一号铜车马修复技术荣获 1997 年度国家科学技术进步奖二等奖。

一号铜车马

一号车御官俑

一号车御官俑身高84.5厘米，通冠高91厘米。身体微微前倾，两臂前举，双手半握拳，拳眼向上，手指微微分开，以便握辔于掌内。五官端正，留八字胡，双目微微下视，神情恭谨专注。

此御官俑头绾扁髻，戴双卷尾鹖冠，冠带系于颔下，带尾垂于胸前。上身穿交领右衽长襦，下身穿长裤，裤脚紧束，足穿方口翘尖履，腰束革带，带上装琵琶形带钩。右侧腰间配环，身后佩剑。佩环和绶带以浮雕形式贴铸在衣服表面。

铜车马上的两个御官俑一坐一站，都是双臂前伸，作驾车状。每只手的食指和中指分开一条缝，恰好容一条辔绳穿过。另外两条绳索则从虎口到手心，半握的双手为握住辔绳留足了空间。一号车御官俑上身微微前倾，肘部正好凭倚在车轼上。这样能保证车子前进时，御官既不会前倾，也不会因晃动而后仰，有利于安心驾车。

一号车御官俑墨线图

2. 二号铜车马

二号车为安车，重 1241 千克。车舆分为前后两室，前室较小，为御者驾驭处，后室为主人乘坐处。车舆上有近似龟甲形的篷盖，罩在前后两室上面。车上有窗和门，三个车窗分别位于车舆的两侧和前后室之间的隔板上，车门在车舆后面，车窗和车门均可自由开合。

铜车马上的车、马、御官及多数零部件用青铜铸造，车器和马饰为金银制作。为了表现马车的细部结构和鞁具的装配关系，每乘马车被分解成数百个大小不同的组件，很多组件又由众多小构件连接组装而成。两车的零部件总数达 6000 多个。体量较大、结构复杂的单体器件多是采用分步铸造的方法完成的，铸造手法主要有嵌铸法、包铸法和铸焊法三种。如：车轮的辐条与轮毂之间的铸接，采用的是嵌铸法；车辕与车衡交接处呈包裹状态的缠扎带纹，采用的是包铸法；车厢围栏铜板与舆底之间的铸接，采用的是铸焊法。各种组合器件的组装,则采用子母扣加销钉连接、活铰连接、钮环扣接、转轴连接等多种连接方法。

在制作和连接的过程中，还灵活使用了锉磨、抛光、钻孔、切削、錾刻、镶嵌等加工工艺。

秦始皇帝陵铜马车集中展现了秦代冶金铸造技术和机械加工技术的超凡成就，是研究中国古代科技发展水平的实物资料，对于研究帝王陵墓礼制和皇帝乘舆制度也意义重大。

二号车御官俑呈坐姿，所以重心容易处理，显得十分稳重。值得注意的是，御官严谨认真而又有一丝得意的微妙心理被塑造得栩栩如生。御官俑上身挺直，跪坐在车前，双目正视前方，两手紧握辔绳，正襟危坐，神情严肃专注。眯着的眼睛、翘起的嘴角，又将他得意的神态表露出来。

御官俑面庞丰腴，英姿潇洒，从发丝、眉毛、睫毛到浮雕式的两片八字胡，都毫无刀砍斧凿的痕迹，如同天生的一般。两袖周围及腰间因束带而产生的褶皱都用曲线来处理，将衣服柔软的质地恰如其分地表现了出来。就连御官俑的关节和指甲等不为常人注意的地方也做了精心处理，不愧为秦代艺术的精品。

二号铜车马

骖马马头

二号车御官俑

金当卢

银弩辄

一号车上的错金银伞杠箍

二号车车厢纹饰

铜壶

铜盾（背面）

秦始皇帝陵博物院文物

秦始皇帝陵博物院文物珍品

（一）高级军吏俑

1. 高级军吏俑

高级军吏俑俗称"将军俑"，是秦兵马俑坑中出土的级别最高的俑。高级军吏俑均站立于战车后。战车上发现有钲和鼓的遗迹，应为指挥车。研究者认为，高级军吏俑应为秦代的都尉和郡尉级武官。

这件高级军吏俑1977年出土于秦兵马俑一号坑，高197厘米。

头戴双卷尾鹖冠，冠带结于颔下，垂于胸前。身穿双层长襦，外罩编缀细密的鱼鳞甲，甲片精细。铠甲周围有宽边，铠甲延伸至腰部以下，下摆呈"V"字形。甲衣的胸前、背后、双肩部位皆有花结。此俑身材魁梧，昂首挺胸，目视前方，淡定的表情和微翘的食指显示出他的自信从容。

　　秦兵马俑坑中的高级军吏俑头戴双卷尾鹖冠，中级军吏俑头戴双板长冠，下级军吏俑头戴单板长冠，一般士兵不戴冠。高级军吏俑身穿彩色鱼鳞甲，中级军吏俑身穿带彩色花边的铠甲，下级军吏俑和一般士兵的铠甲上没有彩色图案。

高级军吏俑墨线图

高级军吏俑局部

高级军吏俑

2. 高级军吏俑

这件高级军吏俑出土于秦兵马俑一号坑，高196厘米。头戴双卷尾鹖冠，身穿双层长襦，外罩编缀细密的鱼鳞甲，甲衣的胸前、背后、双肩部位皆有花结。下穿长裤，着护腿，足蹬方口翘尖履。面庞为长方形，鼻下有浓须，长髯下垂。双臂自然下垂，右手笼于袖内，左手半握拳作提弓状。

此俑的甲衣双肩无披膊，由前身和后身两片连缀组合而成。前身的下摆呈尖角形，四周边缘有彩绘。甲片上有组带连缀后显露在外面的针脚纹，状似甲钉；上下排甲片之间用双行朱红色带连缀，以增加下旅活动甲片的强度，更结实耐用。

高级军吏俑

高级军吏俑局部

3. 高级军吏俑

这件高级军吏俑出土于秦兵马俑二号坑东北角的 T4 探方，高 197 厘米。身材魁梧，昂首挺胸，目视前方。头戴双卷尾鹖冠，冠带系于颔下，八字胡。身着双层长襦，外披细密的鱼鳞甲，双肩无披膊，甲的周边有彩绘几何形花纹，花纹已脱落。前胸、后背及双肩处共饰有 8 个彩色花结。下穿长裤，足蹬方口翘尖履。衣袖半绾，双手交叠于腹前，右手食指微微翘起，握住左手掌，作拄剑状。

高级军吏俑铠甲的形制大体相同。前身甲较长，下摆略呈等腰的尖角形，下缘及于腹下；后身甲较短，下缘平直，仅及腰际。甲

高级军吏俑色彩复原图

衣似为整片皮革做成，前身在胸部以下，后身在腰际处嵌缀鱼鳞状的小型甲片。前胸和后背部位没有嵌缀甲片，上面绘彩，且有几个用彩带绾成的花结。甲衣的周围留有宽边，宽边上绘有精致的几何形图案。有的双肩处有披膊，披膊上没有嵌缀甲片；有的双肩处无披膊。

高级军吏俑

4. 高级军吏俑

这件高级军吏俑出土于秦兵马俑一号坑 T1 探方三过洞，高 191 厘米，是指挥车上的高级将领。头戴双卷尾鹖冠，冠带系于颌下，带尾呈八字形垂于胸前。上身穿交领右衽双层长襦，腰束革带，下身穿长裤，足蹬方口齐头翘尖履。上身微微前倾，双臂自然下垂，左手张开，右手半握拳。身体粗壮结实，大头宽面，宽鼻头，厚嘴唇，憨厚纯朴。

秦在商鞅变法之后，实行二十级军功爵位制。秦人要想获得爵位，只能通过为国杀敌、积累战功来实现。正是这种激励制度，打破了固有的世袭制，极大地提高了将士们作战的积极性。从这些高级军吏俑的穿着和神态，可以遥想两千多年前指挥千军万马、驰骋疆场、彪炳史册的秦国大将白起、王翦和蒙恬的形象。

高级军吏俑局部

高级军吏俑

5. 高级军吏俑

这件高级军吏俑出土于秦兵马俑一号坑 T19 探方九过洞的指挥车旁,高 199 厘米。头戴双卷尾鹖冠,冠带系于颔下,带尾垂于胸前。上身穿交领右衽双层长襦,腰束革带,下身穿长裤,腿缚护腿,足蹬方口齐头翘尖履。双臂自然下垂。左手微屈掌,拇指向前,其余四指并拢,掌心向右。右手半握拳,作持兵器状。身体健壮,昂首挺胸,目光平视,温文尔雅。

高级军吏俑均在脑后绾结扁髻,其方式是:首先将全部头发分成左右相等的两半,分别梳理整齐后拉到脑后合拢在一起;然后向上折,使其略高于头顶,将高出头顶的头发绾成圆形小髻,并贯一横笄;接着头上戴冠,将小髻置于冠室内;最后在冠上连接一近似三角形巾的条带,将扁髻从脑后上部束裹,以防坠落。

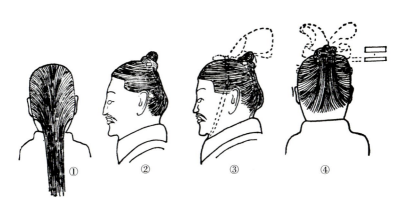

高级军吏俑发髻绾结示意图

高级军吏俑

6. 高级军吏俑

这件高级军吏俑出土于秦兵马俑一号坑 T23 探方九过洞的战车之后，高 195 厘米。头戴鹖冠，身穿双层长襦，外罩细密的铠甲。甲衣双肩无披膊，由前身和后身两片连缀组合而成。前身的下摆呈尖角形，四周边缘有彩绘。在右肩与胸的交接处开口，开口处有纽扣扣结。前胸、肩、背部均有彩带扎的花结。下穿长裤，足蹬方口翘尖履。身材魁梧，昂首挺胸，目光前视，表情严肃，额头上有较深的皱纹，显示出这是一位身经百战的将军。

值得注意的是此俑腰带上的纹饰：粉红的底色上排列着对称的菱形格纹，格纹内还套绘着各式纹样，并用不同的色彩填补；红、白、黑三种色彩对比强烈，配以明快的线条勾勒，进一步凸显出纹饰的立体感。

秦军的铠甲是分等级的，高级、中级、下级军吏及一般士兵各有不同形制的甲衣，区别明显，一眼看去便知职位高低。这套系列化的甲衣不见于文献记载，在以往的考古资料中也没有出现。关于鱼鳞甲，之前有学者认为始创于汉代。秦兵马俑坑高级军吏俑的甲衣是在大片皮革上嵌缀细小的甲片，可视为鱼鳞甲的初始形态。1998 年，考古工作者从 9801 石铠甲坑清理出第三类铠甲，其甲片的形制与编缀方法与汉代鱼鳞甲大体相似，说明鱼鳞甲肇始于秦代，大量流行和完善于汉代。

高级军吏俑腰带上的纹饰

高级军吏俑

7. 高级军吏俑

这件高级军吏俑 1974 年出土于秦兵马俑二号坑 T9 探方，高 196.5 厘米。头戴双卷尾鹖冠，身穿双层长襦，外罩编缀细密的鱼鳞甲。下穿长裤，着护腿，足蹬方口翘尖履。双臂自然下垂。左手笼于袖中，仅露数指。右手半握拳，拳眼向前，作持握兵器状。面庞为长方形，络腮胡，鼻下有浓须，长髯下垂。昂首挺胸，目光炯炯，沉静威严。

此俑的甲衣双肩无披膊，由前身和后身两片连缀组合而成。前身的下摆呈尖角形，四周边缘有彩绘。前身的甲片分为上旅和下旅两部分。上旅分为上、中、下三段。上段位于胸部，为整片皮革，没有嵌缀甲片，通体涂粉紫色，上面绘有散点式的几何形纹样，其左右两侧各有一个用彩带扎的花结，带头分披，垂于胸前。中段和下段位于腰际。中段有近似方形的小甲片 4 排，每排有甲片 9 片；下段亦有近似方形的小甲片 4 排，每排有甲片 19 片（正面 9 片，左右两侧各有 5 片）。中段和下段的每片甲片上都有"V"字形联甲带和甲钉状的甲组遗痕。下旅呈尖角形，缀有近似方形、长方形及不规则形状的小型甲片 9 排，第一排有 17 片甲片，往下依次递减，至最下尖角处只有 1 片甲片。甲片上有状似甲钉的针脚纹。上下排甲片之间用双行朱红色带连缀，结实耐用。

高级军吏俑

高级军吏俑局部

8. 高级军吏俑

　　这件高级军吏俑1974年出土于秦兵马俑一号坑，高196厘米。头戴双卷尾鹖冠，冠带结于颔下，垂于胸前。身穿双层长襦，外罩编缀细密的鱼鳞甲，甲片精细。铠甲周围有宽边，铠甲延伸至腰部以下，下摆呈"V"字形。甲衣的胸前、背后、双肩部位皆有花结。下穿长裤，着护腿，足蹬方口翘尖履。双臂自然下垂。左手半握拳，拳眼向前，作持握兵器状。右手笼于袖中，仅露数指。面庞为长方形，络腮胡，额上有三道深深的皱纹。浓眉大眼，目光炯炯，宽鼻头，厚嘴唇，昂首挺胸，一副沉着老练的神态。

高级军吏俑墨线图

此俑的甲衣双肩无披膊,由前身和后身两片连缀组合而成。前身的下摆呈尖角形,四周边缘有彩绘。前身和后身连成一体,在右肩与胸的交接处开口,开口处有纽扣扣结。纽扣的下端和一用彩色条带扎的花结相连,花结的带头分散垂下。前胸、肩、背部共有8个彩带扎的花结,具有装饰作用。

高级军吏俑

高级军吏俑局部

（二）中级军吏俑

1. 中级军吏俑

此俑出土于秦兵马俑一号坑T19探方十过洞车后武士俑的队列中，高189厘米。头戴双板长冠，身穿交领右衽长襦，外披带彩色花边、下摆平齐的彩色鱼鳞甲，肩部有披膊，下穿长裤，足蹬方口翘尖履。双臂下垂，左手作握剑柄状，右手作持物状。

此俑出土时，身上的彩绘已脱落，黏附在附近的泥土上。枣红色冠，绿色上衣，领缘和袖口镶着朱红色，下着绿色护腿。褐黑色甲片，朱红色甲带，甲衣周边用红、黑、白、黄、绿等颜色绘有几何形图案。身材魁梧，面庞为长方形，额上有三道皱纹，尖下巴，八字小胡，三点水式的乳状胡须，显得格外彪悍。

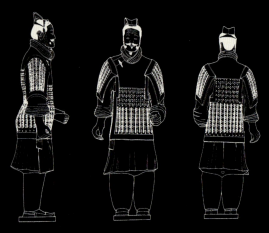

中级军吏俑墨线图

中级军吏俑

2. 中级军吏俑

中级军吏俑按照服饰可分为铠甲军吏俑和战袍军吏俑。铠甲军吏俑的铠甲样式和制作工艺均有别于将军俑，甲片偏大，更接近武士俑所穿的铠甲。

军吏俑的甲衣有的是背带式的前胸甲，有的是前后摆平齐且带彩色花边的鱼鳞甲，有的是普通的甲衣。在战争中，身穿彩色鱼鳞甲的中级军吏俑要身先士卒，带领士兵冲锋陷阵，所以更要注意防护。

这件中级军吏俑出土于秦兵马俑一号坑一辆战车后，高189厘米。头戴双板长冠，身穿交领右衽长襦，外披带彩色花边的前身甲，没有背甲和披膊。甲衣的周边及背带上有几何形彩绘纹样，出土时彩绘已脱落。下穿长裤，足蹬方口翘尖履。左臂在腰侧前屈，左手手掌伸开。右臂下垂，右手半握拳，作持物状。体形匀称，面庞方扁，鼻下有两片浓须，鬓角的头发编成索状隆起在额头上方。这是秦俑中少见的形象。

中级军吏俑局部

中级军吏俑在俑坑中的位置

3. 中级军吏俑

这件中级军吏俑出土于秦兵马俑一号坑,高190厘米。头戴双板长冠,冠带系于颔下。身穿交领右衽长襦,外披带彩色花边、下摆平齐的彩色鱼鳞甲,肩部有披膊,下穿长裤,足蹬方口翘尖履。双臂下垂。左手在腰左侧半握拳,作握长兵器状,拳眼向上。右手在腰右侧半握拳,拳眼向前。身姿挺拔,双目前视,表情严肃。

中级军吏俑

4. 中级军吏俑的冠式

长冠是中下级军吏所戴的冠饰，有单板长冠和双板长冠两种，因身份、等级、军种不同而式样有别。秦兵马俑坑出土的实物证明，头上戴不戴冠是区别军吏俑与武士俑的标志之一。

单板长冠为梯形板状，长15.5～23厘米，前端宽6.5～10.5厘米，后端宽13.5～20.3厘米。前半段平直，后半段翘起，约呈45度角，尾端下折如钩。下钩部分的左右两端各有一个三角形的板封堵，构成一个楔形槽状的冠室。也有不用板封堵者，构成两端不封闭的楔形槽状的冠室。还有极个别的冠，冠尾下折后卷曲成螺旋状，扁髻的顶端罩于冠室内。

双板长冠与单板长冠形状相同，大小、宽窄相似，不同之处仅在于双板长冠的正中有一条纵向的缝，说明是由大小两片长板并列拼合而成。

中级军吏俑的冠式

中级军吏俑的冠式

高级军吏俑与中级军吏俑冠式比较

(三)下级军吏俑

1. 下级军吏俑

这件下级军吏俑出土于秦兵马俑一号坑,高190厘米。头戴单板长冠,梳扁髻,身穿长襦,外披铠甲,双臂下垂。左手半握拳,拳心向外,作持物状。右手在腰右侧半握,拳眼向上,作持长兵器状。目光平视,神情肃穆。

下级军吏俑除了服饰与高级军吏俑不同外,身材、精神和气度也有差异。下级军吏俑的身体虽然不如高级军吏俑那样粗壮健硕,但整体比较高大,肩部宽厚,挺胸伫立,神情肃穆,威风凛凛。

下级军吏是秦国军队中最基层的指挥官。下级军吏俑在秦兵马俑坑中出土较多,目前已发掘并修复完成33件,均出土于秦兵马俑一号坑,其中29件身穿铠甲,4件未穿铠甲。下级军吏俑一般头戴单板长冠,左手作按剑状,右手作持戈、矛等长兵器状,身姿挺拔,神态英武。

秦兵马俑坑中下级军吏俑头戴的长冠为梯形板状,冠前半段的平板和后半段翘起的部分分别压在额发和顶发上。冠上有环套形带,环套形带的前端压在冠前端的平板上,后端攀于后脑处扁髻的中腰(即头枕骨部位)。另有两根条带,上端与环套形带系在一起,然后沿着面部双颊下引,系于颔下,带尾垂于颈前。这样,冠就固定在头顶上了。冠和冠带可以起到压发和束住发髻的作用,以防发髻滑脱。

下级军吏俑

下级军吏俑局部

下级军吏俑的甲衣背面

2. 下级军吏俑

这件下级军吏俑出土于秦兵马俑一号坑，高184厘米。头戴单板长冠，梳扁髻，身穿长襦，外披铠甲，下穿短裤，腿扎行縢，足蹬方口齐头翘尖履，左臂下垂，左手半握，持物不明。右手在腰右侧半握，拳眼向上，作持长兵器状。目光平视，表情严肃。

下级军吏俑的甲衣不是由整块皮革做成，而是由甲片直接连缀而成，内侧可能衬有垫板。这种甲衣由前身甲、背甲和披膊三部分组成。前身甲和背甲下摆边缘均呈圆弧形。前身甲的长度各不相同，背甲比前身甲略短，披膊呈覆瓦形。整个甲衣共有195～229片甲片。甲片有方形、长方形和不规则形几种，均为褐黑色，联甲带为朱红色，甲片上显露在外面的甲钉状的组线有朱红色、粉绿色和白色三种颜色。

下级军吏俑甲衣的甲片一般比武士铠甲的甲片小，数量多，但比高级和中级军吏俑甲衣的甲片略大，甲的四周既没有宽边缘，也没有彩绘图案，规格较低。

下级军吏俑

3. 下级军吏俑

这件下级军吏俑出土于秦兵马俑一号坑东端长廊,高188厘米。身穿战袍,也称"战袍军吏俑"。头戴单板长冠,冠带系于颔下,带尾呈"八"字形分开。上身穿交领右衽长襦,长度及膝,腰间束带。下身穿长及膝盖的短裤,腿扎行縢(即用条带形的布帛由足腕向上螺旋形缠绕至膝下,上端以组带束扎),足蹬方口齐头翘尖履,履带紧紧系于足腕。左臂自然下垂,左手伸掌。右手在腰右侧上方半握,作持握兵器状。身姿挺拔,脸庞为方形,眉梢上扬,宽鼻头,阔嘴唇,双目平视,沉着稳健。

下级军吏俑一般头梳扁髻,有的身着战袍,有的外披铠甲,下穿短裤,腿上扎行縢或缚护腿,足蹬方口齐头翘尖履或短靴。

下级军吏俑

下级军吏俑局部

4. 下级军吏俑

这件下级军吏俑出土于秦兵马俑一号坑，高 191 厘米。头梳扁髻，戴单板长冠，冠带系于颔下，带尾呈"八"字形分开。身穿长襦，外披铠甲。左臂自然下垂，手掌伸开，手心向内。右手在腰右侧半举，拳眼向上，作持握长兵器状。身材匀称，腹部微鼓，宽鼻头，大眼睛，双目略微下视，表情恭谨严肃。

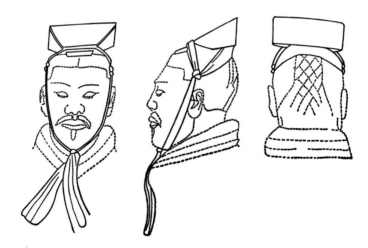

下级军吏俑冠式示意图

下级军吏俑局部

(四）铠甲武士俑

1. 圆髻铠甲武士俑

铠甲武士俑又称"重装步兵俑"，因身穿铠甲而得名。甲胄在冷兵器时代能够有效保护将士的身体免遭敌方进攻性兵器的重创。

目前秦兵马俑坑中出土铠甲武士俑1300余件。铠甲武士俑按照发式分为三种。第一种是圆髻铠甲武士俑，即发型为圆髻的铠甲武士俑。这类俑较多，主要集中在一号坑东端四、六、八三个过洞及二号坑东端，有500多件。一号坑出土的圆髻铠甲武士俑多为立姿，二号坑出土的圆髻铠甲武士俑多为跪姿。第二种是扁髻铠甲武士俑。第三种是介帻铠甲武士俑。

这件铠甲武士俑属于圆髻铠甲武士俑，1976年出土于秦兵马俑一号坑，高179厘米。上身穿齐膝长襦，外披褐黑色铠甲，头顶右侧梳圆髻，双臂下垂，左手伸展，右手半握，拳眼向前，作持兵器状。

秦兵马俑坑中出土的铠甲武士俑多位于军阵中的主体部位，是作战的中坚力量。陶质铠甲采用浅浮雕的艺术手法塑造，写实性强，生动逼真。由于陶俑的级别、兵种不同，其甲衣采用了不同的样式。甲片大小、叠压顺序及连缀方法都清晰地展示出来，是研究秦军防护装备的珍贵资料。

圆髻铠甲武士俑

圆髻铠甲武士俑局部

2. 圆髻铠甲武士俑

此俑1976年出土于秦兵马俑一号坑,高179厘米。上身穿齐膝长襦,外披褐黑色铠甲,头顶右侧梳圆髻,甲衣上残留有彩绘。双臂下垂,左手伸展,右手半握,拳眼向前,作持兵器状。身材匀称,双目前视,双唇紧闭,机警干练。

此俑属于圆髻铠甲武士俑。这类俑一般上身穿齐膝长襦,外披褐黑色铠甲,头顶右侧梳圆髻,有的持弓弩,有的持戈、矛、戟等长兵器。

秦兵马俑坑出土的战袍武士俑和一部分铠甲武士俑,头顶右侧都梳圆形发髻。文献中对用这种盘结方法做成的发型的名称没有准确记载。研究人员根据头发盘结的形状,称其为圆髻。圆髻的形状大体相似,细分又有单台、双台和三台三种,差别在于发髻底部台阶的数量不同。

秦俑发辫的盘结方式多种多样,有的是三条发辫盘结成十字交叉形,有的盘结成"丁"字形、"卜"字形、"大"字形、"一"字形、枝丫形、倒"丁"字形等,其中盘结成十字交叉形和枝丫形的最多。发辫盘结在脑后,不仅整齐美观,而且能起到束发的作用。盘结后的发辫合拢于头顶右侧,用发带从根部束扎,再将其折叠成圆丘形,并用发绳扎结。

圆髻铠甲武士俑

铠甲武士俑的圆髻

3. 扁髻铠甲武士俑

此俑出土于秦兵马俑一号坑,高 185 厘米。身穿双层长襦,外披带披膊的铠甲,下着短裤,腿扎行縢,脚穿单梁短靴。脑后梳六股宽辫式扁髻。双臂自然下垂,左手伸开,右手半握拳,作持弓弩状。方形脸庞,大眼睛,宽鼻头,表情严肃,目光坚定。

此俑属于扁髻铠甲武士俑。目前在秦兵马俑坑中,这类俑出土较多,主要集中在一号坑和三号坑内。扁髻铠甲武士俑一般身穿长襦,外披铠甲,脑后梳六股宽辫式发髻,有的持弓弩,有的持戈、矛、戟等长兵器。其装束与圆髻铠甲武士俑相似。这种发型比较特殊,其编法是先把全部头发编成六股宽辫,反折叠贴于脑后,然后用发卡固定,发髻的末端用笄贯穿束紧,以免末梢头发滑脱。

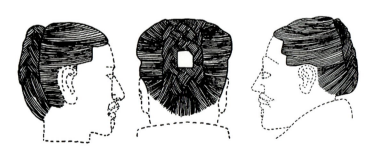

铠甲武士俑扁髻示意图

扁髻铠甲武士俑

扁髻有两种，一种是六股宽辫式扁髻，另一种是不编成宽辫式的扁髻。梳六股宽辫式扁髻的陶俑一般都配有冠室，把扁髻顶端的圆锥形小髻置于冠室中。头戴鹖冠的高级军吏俑的扁髻不是六股宽辫式，而是将头发全部拢于脑后上折，然后把多出的头发盘结成圆锥形小髻，最后用笄固定。

秦俑发髻上还有用来束发的发带、发绳和发卡。发带质地轻软，像是丝织品，颜色多为橘红色或朱红色。用发带束发后，发带两端的带头飘于头顶前侧，动感十足。发绳是用三股绳拧成，有朱红色和粉紫色的，其中朱红色的最多。发卡一般是正方形的，白色，似为骨制品。

铠甲武士俑的扁髻

4. 扁髻铠甲武士俑

此俑 1974 年出土于秦兵马俑三号坑，高 181 厘米。头梳扁髻，身穿齐膝长襦，正面、身后右侧各有一交棱，外罩有披膊的铠甲，后腰部铠甲组縢呈红色，下穿短裤，着两节护腿，足蹬单梁短靴。左臂下垂，左手半握作提弓状。右臂前屈，右手半握作持长兵器状。挺身直立，双目平视，表情严肃。

仔细观察这件扁髻铠甲武士俑的铠甲细部，可以看出此铠甲似为皮甲，这是当时秦军装备的主流。不管是铠甲的编缀方式，还是甲片的排列走向，都反映出秦兵马俑是高度写实的雕塑艺术作品。

扁髻铠甲武士俑

5. 介帻铠甲武士俑

此俑 1974 年出土于秦兵马俑一号坑 T2 探方三过洞，高 181 厘米。身穿齐膝长襦，外披褐黑色铠甲，有披膊。双臂下垂，左手在左腹前半握，拳眼向上，右手在腰右侧半握，作持兵器状。挺胸昂首，双目前视，头顶右侧绾圆形发髻，戴介帻。

介帻为圆锥形，是秦国甲士的一种束发软帽。软帽的后沿或左右一侧开一个三角形的叉口，叉口下侧两端各有一条组带，两条组带系结在一起。软帽顶端的尖锥正好罩住圆形发髻，软帽的下沿至发际，使头发全部罩于帽内。开叉处的组带系扎后，软帽便紧紧包裹在头上，不易被风吹动滑脱。

介帻铠甲武士俑

介帻铠甲武士俑局部

介帻铠甲武士俑背面

6. 介帻铠甲武士俑

此俑 1974 年出土于秦兵马俑一号坑，高 183 厘米。身穿齐膝长襦，外披褐黑色铠甲，有披膊。双臂自然下垂，双手半握拳，拳眼向前，作持兵器状。蓄八字胡，下颏留一小撮胡须。头顶右侧绾圆形发髻，戴介帻。挺胸昂首，双目前视。

武士俑是秦代军队中普通士兵的形象，身穿铠甲的武士俑属于重装步兵俑，身穿战袍的武士俑属于轻装步兵俑。根据他们在俑坑中的位置分析，有的是跟随战车的隶属步兵俑，有的是独立步兵俑。每件步兵俑都手持实战性兵器。

介帻铠甲武士俑军阵局部

介帻铠甲武士俑

（五）战袍武士俑

1. 战袍武士俑

战袍武士俑又称“轻装步兵俑”，多数背负矢箙，手持弓弩，少数手持戈、矛等长兵器。这类俑多位于方阵的前锋或阵表，不戴头盔，不穿铠甲，装束轻便，行动敏捷，便于奇袭。现已出土 433 件，其中秦兵马俑一号坑出土 397 件，二号坑出土 36 件。

步兵是军队中徒步的士兵，秦兵马俑坑中出土了大量步兵俑。在一号坑东端有战袍武士俑方阵。他们头顶右侧绾圆丘形发髻，身穿交领右衽长襦，长度及膝，腰束革带，下身穿长到膝盖的短裤，腿扎行縢，脚穿方口齐头翘尖履或方口齐头履，履带紧紧系结于足腕上。

在二号坑东端也有战袍武士俑方阵。他们上身的着装与一号坑步兵俑相同，只是下身略有不同。腿上未扎行縢，而着护腿，脚穿短靿靴或方口齐头翘尖履。护腿质地厚重，好像夹有棉絮，应该是古代“坚甲絮衣”中的“絮衣”，属于极其简单的腿部防护装备。

这件战袍武士俑 1976 年出土于秦兵马俑一号坑，高 178 厘米。头顶右侧绾圆髻，发髻根部用发带紧紧扎束，发带末端呈扇形展开，生动逼真。身着交领右衽长襦，腰束革带，下穿短裤，腿扎行縢，足蹬圆头方口履，左臂自然下垂，左手伸掌，右手作持弓状。

战袍武士俑

战袍武士俑局部

2. 战袍武士俑

此俑出土于秦兵马俑一号坑,高 190 厘米。身穿右衽齐膝长襦,腰束革带,下穿短裤,腿扎行縢,足蹬方口齐头翘尖履,双臂自然下垂,左手伸开,右手半握,作持兵器状。方形脸庞,浓眉大眼,眼角上挑,胡须翻飞,极具个性。

战袍武士俑

战袍武士俑局部

3. 战袍武士俑

此俑出土于秦兵马俑一号坑,高189厘米。身穿右衽齐膝长襦,腰束革带,下穿短裤,腿扎行縢,足蹬方口齐头履。双臂下垂,左手伸开,右手半握,作提弓状。表情淡然,目光坚定,双唇紧闭,严肃庄重,给人凛然不可侵犯之感——这是秦兵马俑坑中多数士兵所具有的表情。

秦兵马俑坑中的数千件武士俑免盔束发,腰束革带,轻装上阵,体现出当时战士们怯于私斗、勇于公战的风尚。秦自商鞅变法以来,士兵在战场上只要斩获敌军,就会建立军功,从而获得相应的田宅、奴婢、爵位,这极大地调动了士兵作战的积极性。在战场上,他们奋不顾身,无时无刻不在为荣誉而战。

战袍武士俑

（六）立射武士俑

1. 立射武士俑

立射武士俑简称"立射俑"，是以射箭姿势站立的轻装步兵俑。秦兵马俑二号坑的最东端是弩兵方阵，这个方阵是由172件身着战袍的轻装立射俑和160件身穿铠甲的重装跪射俑组成。跪射俑位于弩兵方阵中间的四条过洞内，立射俑位于弩兵方阵外围的长廊内。

此俑1976年出土于秦兵马俑二号坑，高183厘米。形体消瘦，长脸大耳，眉骨突出，目视前方，神情专注。头顶右侧绾圆髻，蓄八字胡，身着交领右衽长襦，腰间束带，有带钩，下穿短裤，着两节护腿，足蹬单梁靴，鞋带系于足腕上。左臂与左手向左下方伸展。右臂屈于胸前，右手半握拳，拳心向内，作持弩状。左腿向左前方跨出，稍屈，右腿伸直。头侧向左前方，双目平视，双唇紧闭，表情严肃。

秦代工匠用陶塑的形式定格了战士持弩待发的瞬间动作。此俑的站姿和双手的姿势都合理合度，眉目清秀，严肃庄重，沉着冷静，反映了现实中秦人的内心世界和精神状态。

立射武士俑局部

立射武士俑

2. 立射武士俑

立射武士俑隶属于弩兵方阵，通常位于军阵的阵表部位。古代弓弩手引弓弩发射时多采用立姿，拮弓搭箭时多采用下蹲姿势，这样可轮番发射，连续杀敌。秦兵马俑二号坑弩兵方阵就反映了秦军的这种实战战术。

此俑 1976 年出土于秦兵马俑二号坑，高 178 厘米。头绾圆髻于头顶右侧，身穿长襦，腰间束带，下穿短裤，小腿缠有护腿，足蹬方口齐头履。左臂向左前方斜伸，手掌伸开，掌心向下。右臂前屈，右手伸掌，置于胸前。左腿弓步，向左前方跨半步，右腿向后绷直，两脚一前一后站立。面部表情专注，目光平视远方，作持弓弩待发状。

立射武士俑持弓弩墨线图

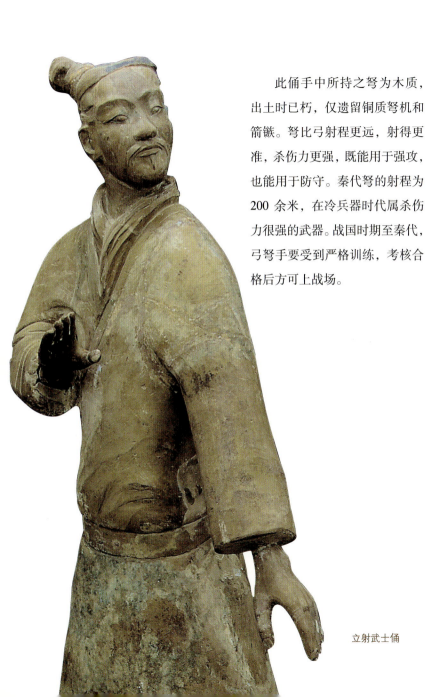

此俑手中所持之弩为木质，出土时已朽，仅遗留铜质弩机和箭镞。弩比弓射程更远，射得更准，杀伤力更强，既能用于强攻，也能用于防守。秦代弩的射程为200余米，在冷兵器时代属杀伤力很强的武器。战国时期至秦代，弓弩手要受到严格训练，考核合格后方可上战场。

立射武士俑

3. 立射武士俑

此俑 1976 年出土于秦兵马俑二号坑，高 190 厘米。左腿微弓，伸向左前方，右腿后蹬，右臂横屈于胸前，左臂向前伸展，头转向左侧并微微低下，目视左前方。这是弩兵持弩准备发射的姿态。

《吴越春秋》记载："射之道，左足纵，右足横。左手若附枝，右手若抱儿。右手发，左手不知。此正射持弩之道也。"即弓弩手射箭之前要昂首挺胸，左足向前迈出半步，右足在后横置，左手紧握弩臂，右手搭箭如抱婴孩；射箭时，举弩望敌，心要静，气要顺，注意力要集中，右手平稳击发，左手保持不动。要做到这样，必须经过长期的专门训练。这件立射武士俑的姿势正与文献中记载的一样，说明秦代步兵的立射动作已经规范化。

立射武士俑

4. 立射武士俑

此俑1976年出土于秦兵马俑二号坑，高184厘米。头顶右侧绾圆形发髻，左脚向左前方斜出半步，双脚略呈丁字步，左腿微弓，右腿后绷，左臂微举，右臂横屈于胸前，两手掌伸开，头转向左侧，双目平视左前方，表情严肃。根据出土遗迹分析，此俑所持之弩为木质，出土时已朽，仅遗留铜质弩机和箭镞。

立射武士俑

立射武士俑局部

(七) 跪射武士俑

1. 跪射武士俑

此俑出土于秦兵马俑二号坑,高 130 厘米。头绾圆形发髻,身穿战袍,外披铠甲,肩部有披膊,足蹬方口翘尖履。左腿蹲屈,与身体呈 90 度角,右膝跪地,脚尖抵地,呈蹲跪状。上身微向左侧转,双目凝视左前方,双手在身体右侧一上一下作握弩状,左手伸开,右手半握,表现的是持弩欲射的瞬间动作。此俑的发髻被巧妙地塑在左侧,与秦兵马俑坑中的其他武士俑发髻在右侧不同,表现出身体上下左右和谐均衡的艺术美。

跪射武士俑在发现初期也称"跪式背弓俑""蹲跪俑""蹲姿甲俑"。跪射是古代军事训练中的单兵动作。《尉缭子》中说,阵形有立阵、坐阵,"立阵所以行也,坐阵所以止也"。因此,跪射武士俑常出现在坐阵中。立阵之应用,有两种情况:一种是军情不稳,需要稳定军心,整顿队伍;另一种是等待战机。秦兵马俑二号坑中跪射武士俑和立射武士俑组成一个方阵,属于待机而战之类。

跪射武士俑出土于秦兵马俑二号坑东北角弩兵方阵的阵心,四周分布着立射武士俑。这是因为张弩射击需要一定的时间,在实战中张一次弩只能发射一箭,为弥补此缺陷,便将蹲跪的士兵置于弩兵方阵中,立射的士兵射击后立刻蹲下,蹲跪的士兵则站起来射击,如此轮番射击,使敌人无法逼近。

跪射武士俑

2. 跪射武士俑

此俑出土于秦兵马俑二号坑，高130厘米。头绾圆髻，身穿战袍，外披铠甲，足蹬方口翘尖履。左腿蹲屈，右膝跪地，呈蹲跪状。上体微向左侧转，双目凝视左前方，左手伸开，右手半握，双手在身体右侧一上一下作握弓弩状，表现了搭弓射箭的瞬间动作。

在制作方面，跪射武士俑与其他陶俑相比，表情神态和发髻的塑造更加写实严谨，连甲片、鞋底等部位也刻画得生动传神，令人惊叹。

跪射武士俑身上的铠甲塑造得非常逼真，每个甲片的走向、缝合连接线都表现得清清楚楚，甲片的叠压方式也符合实战要求。胸部的甲片是上片压下片，腹部和两臂的甲片是下片压上片，所有甲片的叠压方式都与人体的运动方向一致，使得弯腰、扩胸或抬臂都灵活自如。头上发辫的编结方法、发带的花结走向也一目了然。单膝跪地的动作使一个鞋底自然地露出来，脚后跟和脚掌部位针脚细密，脚心部位针脚粗疏，符合脚掌的受力原理，既省工又耐磨。鞋带穿过鞋帮上的三个襻，牢牢地系在脚面上，很好地解决了鞋子不跟脚的问题。工匠严格地将生活中的细节表现在跪射武士俑身上，这种写实手法让我们看到了秦代军士的面部表情、服装穿着、武器装备等真实状况。

跪射武士俑

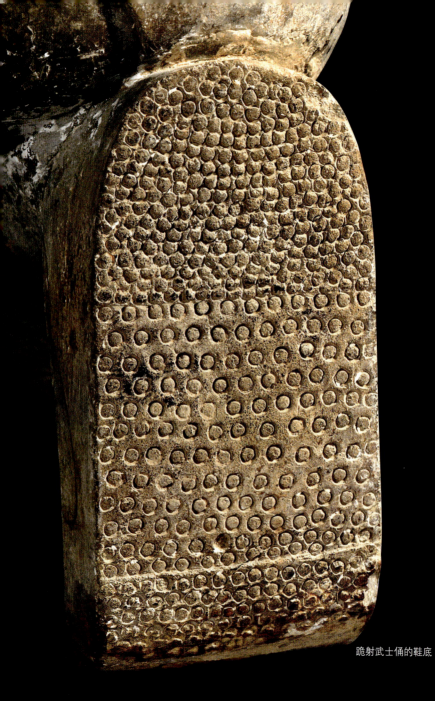

跪射武士俑的鞋底

方口齐头履与行縢

3. 跪射武士俑

此俑出土于秦兵马俑二号坑，高128厘米。身穿战袍，外披铠甲，左腿蹲屈，右膝着地，双手置于身体右侧，作握弓弩待发状。周围出土了大量铜镞、腐朽的木弓遗迹和少数铜剑鞘头等，证明跪射武士俑原持有弓箭和铜剑。

弓弩的射击有立姿和跪姿两种，在列阵射击时两种要轮番进行。古文献中记载"临阵不过三矢"，就是说临阵最多射出三箭时敌人就会冲到面前，因此，为了增强杀伤力，站立的弩兵射三箭后蹲下，蹲跪的弩兵起立再射三箭，如此轮番射击，矢如雨下，使敌人无法逼近。

跪射武士俑印证了在冷兵器时代秦军拥有弩兵兵种的历史事实，是古代步兵战术动作的生动图谱，是研究中国军事史的珍贵资料。

跪射武士俑墨线图

跪射武士俑

4. 彩绘跪射俑

1999年，在秦兵马俑二号坑出土了数十件身上彩绘保存较好的跪射武士俑。研究表明，秦俑在2000多年前被埋入地下时均涂饰有彩绘：先将生漆涂于陶质表面，再在其上以矿物颜料涂绘。由于俑坑坍塌和地下水侵蚀，大部分彩绘被破坏殆尽。出土后，残留的少部分彩绘也极易脱落。

秦俑表面的彩绘均为矿物颜料，分为天然矿物颜料与人工矿物颜料两种，包括朱砂、铅丹、土红、骨白、铅白、石青、石绿、中国紫等。其中，中国紫最具有代表性，化学名称是硅酸铜钡，是将天然的矿物，包括石青、石绿、重晶石、铅白和石英等混合，加热至1000摄氏度左右发生化学反应，从而制备而成。目前尚未在自然界发现中国紫这种颜料，这是秦人的发明创造。

秦俑之美，美在色彩。彩绘俑之美不仅体现在整体渲染方面，还表现在细微之处。褐黑色的铠甲、深蓝色的长襦、朱红色的裤子，多种色彩的对比使用，给人一种强烈的视觉冲击。尤其是乌黑的发丝、深红的发带、淡粉的面庞、黑白分明的眼睛，让一个个秦俑鲜活起来。

从秦俑身上残留的颜色分析，秦人非常注意色彩的搭配：绿色上衣一般配天蓝色、粉紫色或红色裤，红色上衣一般配绿色或天蓝色裤，天蓝色上衣一般与红色、粉紫色或绿色裤搭配。另外，秦人对不引人注意的衣服的边缘，也很讲究色彩搭配。

经过保护处理的彩绘跪射俑

彩绘跪射俑出土原状

彩绘跪射俑局部

5. 绿面跪射俑

绿面跪射俑1999年9月10日出土于秦兵马俑二号坑弩兵方阵，高128厘米。面部施粉绿色彩绘，眉毛、眼珠及胡须皆为黑色，眼白部分有些泛红。双手为粉红色。这是秦兵马俑坑中首次发现的一件绿面跪射俑。

此俑梳圆形发髻，扎红色发带，发带末端呈扇形展开。身穿交领右衽齐膝战袍，外披铠甲，两肩有披膊，腿上缚护腿，足蹬方口齐头翘尖履。右膝跪地，右足竖起，足尖抵地，右足与地面垂直，左腿蹲屈，呈蹲跪姿势。双臂屈举于身体右侧，双手一上一下，作持弓弩状。右臂弯曲，右手半握，拇指上翘；左肘置于左腿上，左手四指微屈，呈半握状。头部和身体向左微倾，炯炯有神的双目凝视前方。

此俑身着深褐色战袍，外罩铠甲，甲片为赭黑色，甲带为朱红色，甲钉为粉白色，袖口及衣领边缘是天蓝色，护腿为粉绿色，头发为赭石色，缕缕发丝清晰可见，发髻的盘结方式和走向十分清楚。前胸左上方阴刻有一个"得"字，应是制作此俑的工匠的名字。

绿面跪射俑

绿面跪射俑局部

(八)御手俑

1. 御手俑

御手俑多出土于战车的中部或右部。这件御手俑出土于秦兵马俑二号坑,高 186 厘米。头绾扁髻,戴长冠,冠上有带系结于颔下,带尾呈蝴蝶形垂于胸前。上身穿齐膝长襦,外披铠甲,双肩无披膊。胫部有护腿,足蹬方口翘尖履,履头前端平齐、微翘。双臂向前半举,双手作揽辔状。身体微微前倾,双目下视,神情专注。

"御"也作"驭",《说文解字》曰:"御,使马也。"从商周到春秋时期,车战是战场上常见的作战方

御手俑

式。御手属一车之长，负责战车的进退，因而其驾驭技术在一定程度上影响着战争的成败。因此，御手必须经过严格的挑选和训练，由技艺娴熟的人担任。《秦律杂抄·除吏律》中记载，御手要经过长达四年的训练，如果过了四年仍不能驾车，教习之人和御手本人都要受到惩罚。

由于驾驭战车有一定的技术难度，训练一个御手也需要一定的时间，加之御手担负着特殊的作战任务，所以秦汉时期御手的地位较高。据《续汉书》引刘劭《爵制》记，秦代战车的御手都是有爵位的，一般为三级爵簪袅。

2. 御手俑

此俑出土于秦兵马俑二号坑战车后，高189厘米。头绾扁髻，戴长冠，冠上有带系结于颔下，带尾呈蝴蝶形垂于胸前。身穿甲衣，长及腰部以下，双臂的披膊长及手腕，手上罩有护手甲，颈部围有盆领。这种甲衣非常罕见。御手站在战车上控驭车马，目标大，容易受到敌人箭镞的伤害。御手一旦受伤，就会使战车失控，造成军队混乱而致战败，所以御手的防护特别重要。此御手俑双臂前伸，双手半握拳，呈揽辔驾车的姿势。

秦兵马俑坑出土木质战车百余乘，每乘战车上都有三位车士，中间的一位就是御手。他们一般头戴长冠，身穿长襦，外披铠甲，两臂向前平伸，双手半握拳，牵拉着辔绳，全神贯注地驾车。他们身上铠甲的甲片较小，且比一般武士俑在前胸和后背处各多出四排甲片，说明御手的地位要高于一般士卒。

御手俑

3. 0006：3号御手俑

此俑2000年出土于0006陪葬坑,高193厘米,肩宽43厘米。头绾扁髻,戴双板长冠,冠带系于颔下。上身穿褐色单层交领右衽齐膝长襦,衣襟交掩于背后,腰束饰有黑色菱形花纹的革带,有琵琶形带钩。下穿长裤,足蹬方口浅履,站在长方形踏板上。身体稍稍前倾,两臂前伸,双手半握拳,作揽辔状。双目略微下视,表情严肃。

4. 0006：4号御手俑

此俑2000年出土于0006陪葬坑,高185厘米,肩宽45厘米。头戴单板长冠,冠带系于颔下,带尾呈蝴蝶形垂于胸前。上身穿单层交领右衽齐膝长襦,衣襟交掩于背后,腰束革带,以帽形带扣扣接。下穿长裤,足蹬方口浅履,站在长方形踏板上。双臂前伸,双手半握拳,作揽辔状。双目平视,表情严肃。

0006:3号御手俑局部

0006:3 号御手俑　　　　　　　　0006:4 号御手俑

（九）牵马骑兵俑

此俑1976年出土于秦兵马俑二号坑，高180厘米。头戴圆形介帻，有带扣结于颔下，额上发向后突成六道棱。身穿齐膝长襦，外穿无披膊铠甲，腰间束带，长襦下摆上有竖折纹。下穿长裤，足蹬单梁短靴。整体装束轻便灵活。双臂自然下垂，左手半握，作提弓状，右手牵拉马缰，神情机智果断。

史书记载，秦穆公（公元前659年至公元前621年在位）时期已有"畴骑五千"，早于当时的其他诸侯国。在秦统一战争中，秦国骑兵以其轻捷、迅速、勇猛而成为当时秦军中一支重要力量。《六韬》记载，选拔骑兵的条件是：年龄在40岁以下，身高在173厘米以上，身体强壮，行动敏捷，能够骑马穿越沟池，完成断敌后路、阻敌扰敌等战术任务。这件牵马骑兵俑的身材特征完全符合这些条件。

秦兵马俑坑中出土的陶马，高1.7米，长2米，重约200千克。相马大师伯乐在《相马经》中指出，骏马要头方、目明、背平、胸厚、腿长。骑兵俑身后的陶马，马头方正，目似悬铃，胸部宽阔，腹背壮实，前腿如柱，后腿如弓，完全符合良马的标准。为方便作战，避免干扰，还特意将马尾编成辫子。马的眼皮、鼻翼、上下嘴唇，工匠都用阴线细细描绘，甚至连不引人注意的马的牙齿也被塑造出来（4~6颗），表明此马正处于青壮年时期。马在战场上动若疾风，快如闪电。骑兵在马上手持强弓硬弩，异常神勇威风。

牵马骑兵俑

(十) 跽坐俑

1. 跽坐俑

1976年,在秦始皇帝陵东侧的上焦村发现90多座马厩坑。陪葬坑南北排列,密集有序,分为马坑、俑坑和俑马同坑三种类型。在俑坑和俑马同坑中出土跽坐陶俑9件。陶俑面向东而坐,脸部和手上涂着粉红色颜料,衣袍上有绿色或红色颜料,有的陶俑唇上还有胡须。陶俑面前有陶盆、陶罐等。俑马同坑,说明跽坐俑象征的是掌管马厩和饲养马匹的人员,陶盆、陶罐是饲养用具。

1977年,在秦始皇帝陵西侧内外城垣之间发现31座陪葬坑,其中跽坐俑坑14座,珍禽异兽坑17座。1978年,对其中4座坑进行试掘,出土跽坐俑两件,一件高68厘米,另一件高73厘米,均面朝东,衣着、表情和姿势与上焦村马厩坑出土的跽坐俑相同。

这件跽坐俑高68厘米,身着交领右衽长袍,脑后梳圆形发髻,两臂自然下垂,半握拳,双手仅露五指,置于膝上。身躯的塑造手法简洁,无过多的虚饰。头部的塑造尤其精致,面容清秀,面颊丰满,唇上有髭须,目光微微向下,神态恭敬,表情严肃,个性特征十分鲜明。

跪坐俑

2. 跽坐俑

此俑出土于秦始皇帝陵东侧马厩坑，高72厘米。身穿双层交领右衽长襦，头发中分，在脑后绾成圆髻，两臂自然下垂，双手半握拳，置于膝上，手腕以下露出袖口。双目微微下视，面容清秀，平和宁静，神态恭敬肃穆。

目前已出土并修复完整的跽坐俑高66～72厘米，手势有三种：第一种是两臂自然下垂，半握拳，双手仅露五指，置于膝上；第二种是两臂自然下垂，双手半握拳，置于膝上；第三种是双手拱于衣袖内，放置在双腿上。

秦始皇帝陵马厩坑和珍禽异兽坑，从侧面反映了秦代宫廷制度和皇家生活的一部分。陪葬坑如实地表现了喂养、管理珍禽异兽和马匹的情况。

跽坐俑

3. 跽坐俑

此俑1976年出土于秦始皇帝陵东侧马厩坑，高68厘米。身着交领右衽长襦，脑后梳圆形发髻，两臂自然下垂，双手在衣袖内合拢后置于双腿上。面容清秀，唇上有髭须，目光微微向下，神态恭敬，表情严肃。

研究者认为，此俑是苑中饲养禽兽的囿人。《周礼·地官》记载："囿人，掌囿游之兽禁，牧百兽。"古代天子、诸侯都设置苑囿作为游猎场地，秦汉设有上林苑。《汉旧仪》中说："上林苑方三百里，苑中养百兽，天子秋冬射猎取之。"上林苑设有令、尉等官吏，且有大批仆役管理苑内的珍禽异兽和奇花异草。

根据"事死如事生"的理念，秦始皇帝陵的一切陪葬物都模拟现实中之物，因而把原来宫廷厩苑的大批马杀死或活埋于地下，制作和真人一样的陶俑作为饲养马的人员，并配置大量饲养马需要使用的器具，如陶盆、陶罐、陶灯、铁斧等。秦始皇帝陵马厩坑和珍禽异兽坑的发现，说明地上真实的苑囿被模拟到地下，以供逝者的灵魂游猎观赏。

跽坐俑

4. 跽坐俑

此俑1976年出土于秦始皇帝陵东侧马厩坑，高69厘米。脑后绾圆髻，身穿双层交领长襦，宽肩宽袖，背部有彩绘。上身挺直，双腿跪地，臀部压在小腿上。双手半握拳置于膝上，露在袖口外。圆脸庞，高鼻梁，双目微微下视，表情庄重严肃。

此俑出土时，面前还放有陶罐、陶灯、铁锸、铁镰等工具。陶罐、陶盆上有"大厩""中厩""宫厩"等字样。这些名称在湖北云梦睡虎地秦墓出土的竹简《厩苑律》中也有记载，由此可知这些陪葬坑是秦厩苑的象征，跽坐俑所代表的是饲养马的仆役。这一发现为研究秦代马政提供了有力证据。

跪坐俑

5. 跽坐俑

此俑1976年出土于秦始皇帝陵东侧马厩坑,高68厘米。脑后绾圆髻,身穿交领右衽长襦,腰束革带。双臂前伸,双手握拳,置于膝上,仅露出部分手指。双膝着地,臀部压在小腿上。圆脸庞,双目平视,表情严肃。

此俑出土时,身上尚留少量彩绘,头发为黑色,面部和手为粉红色。造型准确,身体各部位比例合宜。

跽坐俑

跽坐俑出土原状

（十一）乐舞俑

1. 箕踞姿俑

2000年，考古人员在秦始皇帝陵外城垣东北角900米处发现了一座平面为"F"形的陪葬坑，命名为0007陪葬坑。该陪葬坑面积为925平方米，坑内出土青铜水禽46件；陶俑15件，其中箕踞姿俑8件，跪姿俑7件。两种陶俑装束相同，均将发髻梳在脑后，头戴覆钵形软帽，上身穿单层交领右衽长襦，腰束革带，右胯处革带上挂有长方形小扁囊，下身穿长裤，脚穿布袜，未穿鞋，表示他们是正在室内进行表演的乐舞艺人。

这件箕踞姿俑2000年出土于0007陪葬坑，高86厘米，肩宽38.5厘米，臂长62厘米，脚长20厘米，宽10厘米。双臂向前伸出，双手置于小腿上，左手手心向上，右手手心向下，似正在弹拨乐器。双腿向前平伸，身体微微前倾，头略低，双目下视，神情专注。此俑手脚的造型十分逼真，脸部及手施白色彩绘。研究者将此俑命名为箕踞姿俑，"箕踞"就是指两腿前伸，双膝微屈坐着，姿势像箕。

相传秦代以前就尝试用音乐训练动物，尤其是驯化通人性的禽类动物。秦穆公时期，有一个善吹箫的乐人名叫萧史，其箫声悠扬动听，连天鹅都会闻箫声而飞来，并随着箫声列队起舞。因此，0007陪葬坑内不是简单地模仿养鸭子或养天鹅的场景，而是用音乐歌舞和水禽模仿宫廷里的一些乐舞场景。

箕踞姿俑

乐舞俑出土原状

2. 跪姿俑

此俑残高110厘米，上举的右手距膝部118厘米，肩宽32.5厘米，身材匀称。瓜子形脸，五官端正。发髻梳在脑后，头戴覆钵形软帽，上身穿单层交领右衽长襦，腰束革带，右胯处革带上挂有细长的小扁囊，下身穿长裤，脚穿布袜，未穿鞋。

此俑上身挺直，左臂自然下垂，左手伸向下方。右臂上举，肘部微屈，右手拇指上翘，指向后方，其余四指微张，作半握状，显示右手应拿着一个棱角分明的方形物品。双膝跪地，右膝稍在前，双足尖抵地。头微微低下，双目下视，双唇紧闭，神情专注。

秦始皇统一六国后，听说东海有蓬莱、方丈、瀛洲三座神山，于是派方士徐福带领三千童男童女赴东海寻找长生不死之药。秦始皇帝陵0007陪葬坑的设置，就是为了祈福、祈寿、求祥瑞。坑内有青铜仙鹤、青铜天鹅等瑞禽，还有乐人奏仙乐、唱仙歌。缥缈的仙界高居天宇，不灭的灵魂周游其中。2000多年前人们编织的天国梦，已经永远凝固在这里。从姿势和动作分析，跪姿俑应是在敲击钟鼓类乐器。

跪姿俑

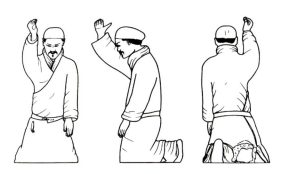

跪姿俑墨线图

（十二）青铜兵器

秦兵马俑坑出土有数万件青铜兵器，其制造技术反映了当时冶金、手工机械制造工艺的发达。经化学分析，秦剑中铜的成分占74%，锡占22%，合金比例适当，因而质地坚硬。铜弩机的各个部件都可以互换，同一枚镞的三个面和三个棱大小相同，说明当时兵器生产已达到了标准化的程度。

在秦兵马俑坑出土的兵器中，有多件带有文字的青铜兵器。一号坑已出土刻有纪年铭文的青铜兵器23件，其中相邦吕不韦戈6件、寺工铍16件、寺工戈1件。

寺工是秦国主管兵器生产的机构。相邦吕不韦是兵器生产的最高监管人；相邦之下是工师，就是各兵工厂的厂长；工师之下是丞，类似车间主任；最后是制作兵器的工匠。由此可知，秦国的军工管理制度分为四级，从相邦、工师、丞到工匠层层负责。

1. 青铜戈

戈横刃，青铜质，装有长柄，是中国古代特有的一种长柄冷兵器，也是一种最常用、最重要的车兵作战用的格斗兵器，在古代战争中能够在大范围内挥击，能钩能啄，可推可掠，具有极强的杀伤力，尤其适合战车进攻时使用。

秦兵马俑坑出土兵器上的文字大多是人名，其中出现次数最多的是"相邦吕不韦"。

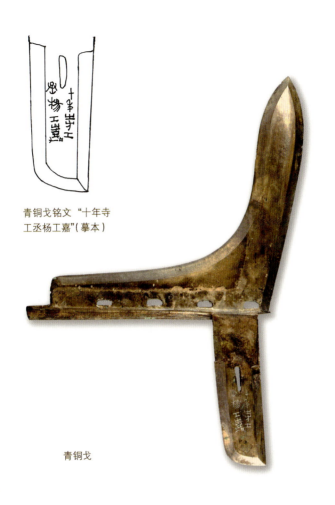

青铜戈铭文"十年寺工丞杨工嘉"(摹本)

青铜戈

这件青铜戈通长27厘米,援长16.9厘米,胡长12.5厘米,内长10.1厘米,戈上铭文为"十年寺工丞杨工嘉"。

此外还有一件青铜戈,通长26.8厘米,援长16.6厘米,胡长12.8厘米,内长10.2厘米,上有铭文"七年相邦吕不韦造寺工周丞义工同"。

2. 青铜矛

矛是一种长兵器,是古代军队中大量装备和使用时间最长的冷兵器之一。矛历史悠久,其最原始的形态是用来狩猎的前端削尖的木棒。后来人们用石头、兽骨制成矛头,缚在长木柄前端,以增加杀伤力。

这件青铜矛长 17.5 厘米,叶长 11.7 厘米,宽 3.6 厘米,口径 2.1~2.8 厘米,骸上有"寺工"二字,与今天的汉字非常相似。

3. 青铜铍

铍是古代的一种长兵器,主要用于刺杀。它起源于短剑,曾被误作短剑。

《说文解字》中说:"铍者,剑刀装也。"铍的外形极似短剑,其锋和短剑相同,平脊两刃,铍身断面为六边形,形制也像短剑,长 30~35 厘米,后端为扁形或矩形的茎,用以装柄,一般在茎的近端处开有圆孔,以便穿钉,将其固定在长柄上。后装有长 3~3.5 米的积竹柄或木柄。

秦兵马俑一号坑中出土有十五年、十六年、十七年、十八年、十九年等寺工铍 16 件。铍首长度多为 35 厘米左右,茎长 12 厘米左右,木柄多已腐烂残损,铍身刻有"十五年寺工"之类铭文,茎上刻有"十六"等字。"十五年"等为秦始皇纪年。铍上还刻有制造工匠的名字。

这件青铜铍通长 35.3 厘米,铍身长 24 厘米,上有铭文"十七年寺工敏造工沱(池)",格部铭文为"寺工",茎部铭文为"子五九"。

青铜矛　　　　　青铜铍

4. 青铜剑

秦兵马俑一号坑出土青铜剑 22 把，均为实用武器，多数剑的长度超过 90 厘米。研究表明，这些青铜剑均为铸件，再经过锉磨、抛光等工序制成。从其精密度推测，当时有可能已采用简单的机具加工，而非单纯靠手工锉磨。

青铜剑由剑身、剑格和剑茎三部分组成。两面起脊，四纵四锷，中脊较厚，截面似菱形。剑身和剑茎一次铸成。剑身表面呈青黑色，光亮平整。近剑锋处有一段束腰，穿刺性强。剑是用于近身格斗的武器，首要功能是刺杀敌人，穿透对方的铠甲，而劈、砍只是次要功能。比当时其他国家的剑长出 20 余厘米的秦剑，在格斗中更容易刺到对方，这是秦剑加长的主要原因。

秦兵马俑坑出土的青铜剑与春秋时期、战国早期的剑相比，制作更为精良，显示了秦代匠师高超的制作水平。秦代匠师已经熟练掌握了适当的合金配比，使得青铜剑既锋利无比又具有韧性。

青铜剑

青铜剑出土原状

5. 青铜戟

戟是戈与矛结合而成的一种兵器,集戈与矛的功能于一体,既可直刺,也可横击。戟分为合铸戟和分体戟两种。秦兵马俑坑出土的戟是用柲将戈与矛组装在一起的分体戟。秦戟矛头较短,刃部锐利,直刺时杀伤力强;戈为长胡四穿,内上有一穿,缚于柲上更加牢固。

这件青铜戟长288厘米,戈与矛间距为25厘米。戈长26.7厘米,援长16.7厘米,内长10厘米,胡长12.5厘米。戈上的铭文为纪年、监造者、主造者及工匠名。矛上仅刻有铸造官署机构名称"寺工"。

青铜戟

青铜戟

6. 青铜箭镞

秦兵马俑坑出土有4万多支青铜箭镞，这些箭镞制作得十分规整。专家对箭镞做了金相分析，发现其金属配比基本相同，数以万计的箭镞都是按照相同的技术标准铸造的。

青铜箭镞由镞首和镞铤两部分组成，镞首和镞铤重量相等。镞首呈三棱锥形，三条棱之间的三个面呈弧形，前端聚成尖峰，后端为平底，带有三个较小的倒刺。镞铤的断面呈圆形，其上缠麻丝，插入箭杆内。镞首与镞铤接铸而成，先把镞铤做成预制件，浇铸镞首时再把镞铤与之接铸在一起。镞首需要经过锉磨、抛光等工艺处理。

箭镞是三棱形的，它的三个面和三条棱均被加工成抛物线形,其线条走向和现在的步枪子弹一样。每个箭镞的三个弧面几乎完全相同。三棱体，流线型，这样的造型符合空气动力学原理，在飞行过程中能减少空气阻力，保证飞行平稳、速度快、命中率高。

青铜箭镞

7. 青铜弩与弩机

弩是一种远射兵器，与用于近距离格斗的青铜剑相比，在战场上作用更大。位于秦兵马俑一号坑最前面三排的轻装武士俑大多是弩兵，手中都曾握有实战用的弩。该处已出土 100 多件秦弩，弩的木质部分已腐烂，只剩下青铜弩机。

弩由弩弓、弩臂和弩机组成。弩弓为木质，朽木残长 130～144 厘米，通体用皮条缠扎，表面涂褐色漆。弩臂也已腐朽，末端安有青铜弩机。弩机由望山、悬刀、牙、栓塞等部件组成，望山用于瞄准，悬刀就是扳机，牙用以挂弦，栓塞起到固定各个部件的作用。弩机长 16.5 厘米，望山长 5.5 厘米。秦兵马俑坑出土的青铜弩机制造精良，棱角饱满，尺寸精确，零部件可以通用互换。

秦代的弩机既能延时发射，也能精确瞄准。研究得知，秦代兵器制造已使用标准化工艺。所谓标准化，就是要求做到系列化和具有互换性，即产品应有系列，同一系列的相同部件可以互换。《秦律十八种·工律》中明确规定："为器同物者，其小大、短长、广亦必等。"经测试，秦兵马俑坑出土弩机的轮廓误差不超过 1 毫米。这种高标准的规格，对金属加工工艺有很高的要求，没有一定的机械，仅凭双手是达不到的。

青铜弩

青铜弩机

(十三)青铜水禽

1. 立姿鸿雁

2000年7月,秦始皇帝陵0007陪葬坑出土了46件原大的青铜水禽类文物,可分为鸿雁、仙鹤和天鹅三大类。此类文物尚未在秦始皇帝陵及其他地区的秦代考古发掘中发现,十分罕见。

局部发掘表明,0007陪葬坑曾被大火焚烧,出土的青铜水禽类文物大者长0.665米,小者长0.48米。青铜水禽大小不同,其脚下的青铜踏板也大小不同。

从坑内清理修复青铜鸿雁20件,其中立姿的4件,卧姿的16件。这件立姿鸿雁站立在长方形青铜踏板上,曲颈上昂,头略转向左侧。嘴微张,作轻微发声状。双腿粗壮,作缓步移动状。躯体微胖稍偏,重心在左爪上,双翅收于尾后,爪趾粗大。体长48厘米,高40厘米,爪趾至背顶高27.5厘米,头长10厘米,嘴长5.5厘米,宽1.5~2厘米,腿高9.5厘米。踏板长33厘米,宽21.5厘米,厚1厘米。

立姿鸿雁

2. 卧姿鸿雁

这件卧姿鸿雁 2000 年出土于秦始皇帝陵 0007 陪葬坑。体腔中空,体长 48 厘米,高 25 厘米。雁体肥圆,比例匀称。右翅压左翅,双翅收于背后。头部上昂,与颈部呈"S"形。双腿收于腹下,腹外仅塑出爪趾。体表残留有少量白色彩绘。

0007 陪葬坑出土的青铜水禽均表现的是动态过程中的瞬间姿态。虽然它们体态各不相同,但差异不大。最能显示它们各自特征的是它们绝不雷同的脖颈。

青铜鸿雁因体形较小,故保存得比较完整,出土时多平卧于象征着河道两侧夯土台的垫木上,位移现象不严重,头部向着河道。

卧姿鸿雁

青铜鸿雁出土原状

3. 青铜天鹅

青铜天鹅 2000 年出土于秦始皇帝陵 0007 陪葬坑,已修复 14 件。平均体长 57.6 厘米,身高 27.5~47.5 厘米。有站姿和卧姿两种姿势。站姿天鹅站立在长方形青铜踏板上,双足下有云纹。卧姿天鹅脖颈弯曲,嘴巴向前伸长,作觅食状。

青铜水禽在 0007 陪葬坑底斜向成行排列。两侧夯土台的垫木下有一条槽沟,有水流过槽沟,象征着潺潺流动的河水。众多的水禽,或嬉戏,或栖息,或寻食,姿态各异,怡然自得。研究者认为,0007 陪葬坑展现了秦宫廷里的一个机构,表现的是一组升仙乐舞图。

青铜水禽出土原状

4. 青铜仙鹤

2000年,秦始皇帝陵0007陪葬坑中出土青铜仙鹤6件,均为立姿。

这件立姿青铜仙鹤站在对角镂空的云纹踏板上,两爪一前一后,曲颈向下觅食,造型生动形象。高77.5厘米,长101厘米,腿高55厘米,直径1.8~2.5厘米,嘴长17.5厘米。踏板长47.5厘米,宽32.5厘米,厚1厘米。虫状物长5厘米,宽0.8厘米。

另一件立姿青铜仙鹤,脖颈细长,回首凝视后方。这种姿态十分罕见。

青铜仙鹤

青铜仙鹤出土原状

（十四）铜钟与铜权

1. 丽山园钟

丽山园钟 1960 年出土于秦始皇帝陵外城东北的安沟村。高 44 厘米，口径 19 厘米，腹围 112.5 厘米，重 19.25 千克。直口，鼓腹，平底，肩上有两相对称的四耳。通体素面，底部有铭文 2 行 17 字："丽山园，容十二斗三升，重二钧十三斤八两"。

此钟铭文中既有"丽山园"，应当是丽山园之器。"丽山"是陵墓之名；"园"是园寝，即陵园。这件铜钟是证实秦始皇帝陵原名"丽山"，其陵园称为"丽山园"的实物证据。

丽山园钟铭文（拓本及摹本）

丽山园钟

2. 蟠螭纹钟

蟠螭纹钟1974年出土于秦始皇兵马俑一号坑T19探方九过洞。高26.8厘米,甬长8.7厘米,重2.3千克。体呈合瓦形,甬体中空,旋上有干,两铣内收,口部内弧较深。器表钲间饰蟠螭纹,纹饰间以细阳线隔为界,边缘及内壁光素。

此钟出土于兵车附近,车上发现有战鼓的痕迹,可见此类乐器应是悬挂在兵车上用于发号命令的。

蟠螭纹钟

乐府钟钟钮上的"乐府"二字

3. 乐府钟

乐府钟 1976 年出土于秦始皇帝陵西侧飤官遗址,高 13.3 厘米。钟壁内侧有四条调音带,带上有锉磨的印痕。经音乐家吕骥先生测音,属于 C 调,音调准确,音质清脆悦耳。钟钮一侧刻有小篆体"乐府"二字。乐府是秦代设置的专门管理音乐事务的官署。

1976 年春节,考古学家袁仲一先生留守秦兵马俑考古工地,早饭后走到秦始皇帝陵西北角农民挖土的断崖处,远远地看到有一个指甲盖大小的绿色东西在闪闪发亮。用手铲拨开土层,发现下面有一个陶案,陶案上有一个钟。小心擦去钟表面的浮土,发现钟钮上有"乐府"二字。

乐府钟为青铜质,鼻形钮,钲部和鼓部饰错金蟠螭纹,篆间饰错金流云纹,钟带饰错银云纹,舞部铸满纤细的云雷纹。钟壁内侧饰纤细的云纹,每一面有 12 个花纹。

此钟与秦代的墓祭制度有关。秦始皇陵园设有寝殿,在寝殿内祭祀时要奏乐,乐府钟就是祭祀用的乐器之一。

乐府钟

4. 两诏文铜权

权是测量物体重量的器具。两诏文铜权出土于秦始皇帝陵西侧饮官遗址，共三枚，均铸于秦二世时期。三枚铜权重量不一：其中一枚锈蚀严重，土锈未被清除，重 325 克；其余两枚分别重 254.6 克、256 克，重量约为秦代的一斤。

铜权通高 7.3 厘米，肩径 3.9 厘米，底径 5.4 厘米。外形如钟，为棱柱体，体内中空，上部略收，平顶上有鼻钮。表面有 17 道竖条瓜棱，瓜棱间的平面上刻有秦王政二十六年（前 221）诏书 8 行 40 字和秦二世元年（前 209）诏书 9 行 59 字，诏文布满权表。平顶上部刻有一"左"字，为标准小篆体。

两诏文铜权是秦王朝在全国实行统一度量衡制度的实物见证。

两诏文铜权铭文（拓本）

两诏文铜权

（十五）砖瓦器

秦始皇帝陵遗址内出土了大量瓦当、下水管、板瓦、筒瓦、井圈等。

1. 夔纹瓦当

瓦当是中国古代建筑的重要构件，一般连接在筒瓦的末端，盖在屋檐前端，起遮风挡雨和装饰屋檐的作用。瓦当的外表面原来没有图案，后来逐渐发展到模印动物、植物、几何图形及吉祥文字等纹饰。秦代瓦当的纹饰以动物纹居多，图案写实，简洁生动。

考古人员在秦始皇帝陵封土北部西区的寝殿建筑遗址发现了一件直径61厘米、高48厘米的夔纹瓦当。此瓦当表面饰浮雕夔纹，采用先勾勒夔纹的轮廓，再雕刻出纹饰的手法，线条自然流畅，画面富于动感，立体感强，以夔龙纹表现建筑的等级，衬托出建筑的庄严雄伟。

夔纹瓦当

2. 云纹瓦当

云纹瓦当出土于秦始皇帝陵寝殿和便殿遗址,直径16~16.8厘米。

瓦当当面常饰以各种云纹,其特征是:当面的中心多为圆纽,或饰以三角形、菱形、分格形网纹,以及乳钉纹、叶纹、花瓣纹等,云纹占据当面中央大面积的主要部位,花纹变化复杂多样。

秦始皇帝陵出土的云纹瓦当是由蝉、鸟、饕餮、树枝、花朵、云朵、光芒等纹饰综合演变而来,反映了秦代瓦当艺术由写实到写意,融合与变化的过程。云纹瓦当中最常见的是卷云纹瓦当,一般是圆形当面作四等分,各部分饰一卷曲的云头纹样。有的四面对称,中间以直线相隔,形成曲线和直线的对比。有的同向旋转,极富韵律。

云纹瓦当

3. 五角形下水管

五角形下水管为青灰色，陶质，表面饰粗绳纹，是地下排水材料，通长70.5厘米，高46厘米，宽46厘米。整体造型规整，截面近似五角形，顶部是三角形，符合力学原理。管壁厚，能够承受重压。五角形下水管是考古学中建筑遗址断代的典型器物之一。

秦始皇陵园内有完善的排水系统，已发现不同形式的排水管，材质有陶质、石质，形状有五角形、圆筒形等。五角形下水管有双排、三排乃至六排并联的，说明当时的排水量很大。

秦始皇帝陵东西两侧的内外城垣墙基下，共发现10处五角形下水管道。这是根据内外城垣南高北低、中间高两侧低的自然地势，将城垣西侧的管道铺设成东南至西北或东西向，将城垣东侧的管道铺设成西南至东北或东西向，从而把地面上的水导入东西两侧的古河道内排出。

4. 圆筒形下水管

圆筒形下水管为青灰色，陶质，表面饰粗绳纹，长58厘米，直径25～29厘米。整体呈圆筒形，一头大，一头小，平口。多节套连便形成了下水管道，是秦始皇陵园排水用的一种管道设施。

五角形下水管

圆筒形下水管

5. 弧形板瓦和筒瓦

弧形板瓦出土于秦始皇陵园外城北鱼池遗址，青灰色，通长58厘米，宽40厘米，厚2厘米。

筒瓦出土于秦始皇陵园外城北郑庄石料加工场遗址，青灰色，通长38.6厘米，直径14.8厘米，小口径11.8厘米。半圆筒的一端下凹，作为与另一端筒瓦套接的子口。表面有密集的纵向竖直的粗绳纹，其中一端光素无纹。

弧形板瓦

筒瓦

后 记

请扫码观看
本书精彩视频

西北大学出版社策划出版"中华文物览胜"系列图书,以图文并茂、通俗易懂的方式解读文物,让读者深刻感受博大精深的中华民族传统文化,从而增进对中华优秀历史文化的认识。目前已出版《西安碑林博物馆珍品讲读》《昭陵博物馆珍品讲读》和《宝鸡青铜器博物院珍品讲读》,产生了很好的社会影响。

博物馆是展示文物的窗口,也是诠释文物价值和意义的场所。近年来,新媒体、云传播介入,为优秀传统文化的传承和创新注入了新动能。从《国家宝藏》《如果国宝会说话》等文博类节目热播,到《千里江山图》展出,舞蹈《唐宫夜宴》《只此青绿》的演出引发热议,以及越来越多的汽车、金融、电信、航天等行业或新兴产业博物馆的出现,极大满足了观众多元化的兴趣。

为了让文物走出博物馆的展厅和馆舍,走进大众的视野,我们在本书中择要介绍了秦始皇帝陵博物院的精品文物和秦始皇帝陵的重要遗址,讲述了文物背后的故事,并拍摄了数十条短视频,重在展示文物细节和遗址风貌,为读者了解博物馆提供多方面的资料。

本书是集体智慧的结晶,编写过程中参考了众多学者的研究成果,主要有陕西省考古研究所、始皇陵秦俑坑考古发掘队编著的《秦始皇陵兵马俑坑一号坑发掘报告(1974—1984)》,袁仲一先生所著的《秦始皇陵的考古发现与研究》和《秦兵马俑的考古发现与研究》，秦始皇帝陵博物院编著的《秦始皇帝陵出土一号青铜马车》和《秦始皇帝陵出土二号青铜马车》等图书。

今天，博物馆的吸引力不仅来自那些人们耳熟能详的国宝级藏品、古朴雅致的馆舍建筑、多姿多彩的展陈设计和令人舒心的参观环境，还来自那些潜心研究的学者、专注发掘的考古人、悉心修复的"文物医生"和创新陈列设计的策展人。博物馆里的每一件文物都有其独特的历史、艺术、科学和审美价值，展现出中华文化的源远流长和博大精深。人民群众的需求不断鞭策着博物馆人积极创新，努力实践，用大众喜欢的方式讲好文物故事，传承中华文明。

著名考古学家、秦始皇帝陵博物院名誉院长袁仲一先生为本书撰写了序言，摄影师张天柱老师、夏居宪老师提供了文物照片，张恺、王皓玉、贺卓刚、张芸熙、安婧、王堃、韩佳琦、胡家骏等同志拍摄了文物视频，兰德省、申茂盛、容波、马宇四位老师出镜讲述了文物保护、考古发掘、文物修复的故事，高俊（高甜）、潘莹、郑絮斐、张志威、王杨雪、蒋筱、饶琳、王金子、何丽君、黄思雨、郑爽、徐楠等同志出镜讲述了文物及其背后的故事，让本书的呈现形式更加丰富多彩。西北大学出版社郭学工、张立、王岚等三位老师为本书的出版付出了艰辛劳动。在此，对所有为本书提供资料和帮助的同志表示感谢！

田 静
2022 年 4 月 20 日